北大版短期培训汉语教材

原《走进中国》系列汉语教材全新修订版

MEETING CHINA

Elementary Spoken Chinese

初级汉语口语　　王添淼　杨德峰　编著

图书在版编目(CIP)数据

走进中国:初级汉语口语/王添淼,杨德峰编著.—北京:北京大学出版社,2011.6
(北大版短期培训汉语教材)
ISBN 978-7-301-18915-3

Ⅰ.走… Ⅱ.①王…②杨… Ⅲ.汉语—口语—对外汉语教学—教材 Ⅳ.H195.4

中国版本图书馆 CIP 数据核字(2011)第 093016 号

书　　　名:	走进中国:初级汉语口语
著作责任者:	王添淼　杨德峰　编著
责 任 编 辑:	孙　娴
标 准 书 号:	ISBN 978-7-301-18915-3/H·2835
出 版 发 行:	北京大学出版社
地　　　址:	北京市海淀区成府路 205 号　100871
网　　　址:	http://www.pup.cn　电子信箱:zpup@pup.pku.edu.cn
电　　　话:	邮购部 62752015　发行部 62750672　出版部 62754962　编辑部 62754144
印 刷 者:	北京大学印刷厂
经 销 者:	新华书店
	787 毫米×1092 毫米　16 开本　7.5 印张　183 千字
	2011 年 6 月第 1 版　2016 年 12 月第 2 次印刷
定　　　价:	28.00 元(附 MP3 盘 1 张)

未经许可,不得以任何方式复制或抄袭本书之部分或全部内容。
版权所有,侵权必究
举报电话:010-62752024　电子信箱:fd@pup.pku.edu.cn

前　言

随着中国社会经济的深入发展，到中国学习汉语的学生人数日益增多，其中既有学习半年以上的长期学习者，也有学习四周、六周、八周不等的短期学习者，而后者人数在近年迅猛增长，大有与前者平分秋色之势。

目前供短期汉语学习者使用的教材虽然出版了不少，但总的来看，在数量、品种和质量上都不能很好地满足教学需要，主要问题是分技能教材之间缺乏必要的内在联系，常常是两套马车，各走各的，以致影响教学效率；另外教材容量和层级划分不能满足当前短期汉语教学课型安排、授课时数、学生现有水平与学习需求等方面灵活多样的特点。有鉴于此，我们编写了这套全新的《走进中国》系列教材。

一、编写背景

这套教材在1997年版《走进中国》（初级本、中级本、高级本）系列教材基础上全新编写而成。

原版《走进中国》系列教材为综合技能教材。由于内容和形式适应时代需求，面世后广受欢迎，并很快形成品牌，至今仍被广泛使用。但毕竟语言教材时代性强，需适时更新，以新的理念和研究成果充实教材内容，并体现时代风貌。

2008年3月北京大学出版社与原版《走进中国》的作者就汉语短期班，特别是假期班的教学召开专题研讨会，就新的教学需求和教材编写理念进行了磋商。新版《走进中国》的编写工作自此拉开了序幕。除原版教材的部分作者外，新加入的编写人员也都来自北京大学对外汉语教学第一线。我们的目的是与时俱进，拓宽视野，在保持原版教材基本特色的基础上，打破原有框架，在新的教学理念指导下编写一套能够适应当前短期班特点的新教材。

二、内容与教学建议

本套教材共8册,分为综合课本和口语课本两个系列,每个系列中包括基础、初级、中级和高级四个层次,同一层次的综合课本和口语课本在词汇、语法、话题等方面互为补充。

每册教学时间约为40—60学时,可用于4—6周全日制短期班,也可用于非全日制但学时较长的学生。基于短期学生学习时间集中,课外活动较多,预习复习时间不充裕等特点,我们进行了如下设计:

1. 课文:每册12课,每课建议授课4学时,一般为两次完成一课。综合系列基础和初级阶段课文为对话和语段;中高级阶段为语段。口语系列中级以下以情景为主线,功能融入其中,高级则场景与话题相结合。

2. 生词:综合系列基础级每课生词量平均为15个,高级为30个;口语系列相应减少5个左右。各册总词汇量逐级增加,从约300个到约700个。横向系列的生词重叠不超过1/3。选词依据主要为汉语水平词汇大纲,也适当参考了近年统计的高频词和短期学生的生活实际。课后的补充词语未计入其中,教师可根据实际情况灵活要求。

3. 语言点:综合系列语言点从1—2到4—5个;口语采用句式练习的方式呈现,每课控制在5个以内。全部语言点均配英文翻译。

4. 练习:生词、课文、语言点后配专项练习,最后是针对全课的综合练习。教师可指导学生通过专项练习掌握要点,通过综合练习巩固提高。练习形式多为任务型,突出交际性,数量略多于上课实际需要,教师可适当取舍。

三、主要特色

1. 系统性

综合教材与口语教材相辅相成,既自成系列,又相互配合。层级细分,可满足不同的教学需要,便于分班授课。相邻的两本教材无论是在生词数量上还是在课文长度上,都努力做到自然衔接,尽量不出现台阶,以方便学习者连续学习。

2. 针对性

话题的确定建立在问卷调查的基础上,所选话题都是学生急需的、感兴趣的。课文以对话为主,注重词语和语法的学习,体现短期学习的特殊需求。

3. 实用性

话题、词语、语法点都是最常见的，学习以后可以直接用于日常生活交际。生词、语法不求深入系统，务求简明实用。

4. 实践性

所选话题源于生活，所设情景贴近生活。课文编排以对话为主，突出实践性，尽量与现实生活接轨，以便学习者学以致用。

5. 趣味性

对话的编写、阅读语料的选取，除考虑生活性、知识性、广泛性、可读性外，也重视趣味性，对话尽量生动活泼，语料尽可能丰富多彩，以便激发学习者的兴趣。练习除强调交际性以外，还有一些趣味性和游戏性的内容，尽量做到实用有趣。

教材总体策划为刘元满、杨德峰。他们设计编写方案，制定编写体例，并协调各册编者密切配合。综合系列由杨德峰统稿，口语系列由刘元满统稿。

本套教材获北京大学主干基础课教材立项。刘元满负责进行申报教材立项工作，并拟定教师和学生使用情况调查问卷。在编写过程中，整个团队在愉悦、高效的气氛中互相协作，比较充分地实现了最初的设计。此外，王玉在多个项目中组织问卷调查，王文龙整理会议记录，统计问卷结果。在教材试用过程中，他们联系打印社，保证了教学的正常使用。他们所做的工作琐碎繁杂而至关重要。

另外，在教材设计、编写及出版过程中，北京大学出版社沈浦娜主任和宋立文、孙娴、沈岚、贾鸿杰等位编辑多次参与研讨，提出不少宝贵意见，在此一并致谢。

本套教材 2009 年 6 月起在北京大学春季班和暑期班试用多次，根据师生反馈调整修改之后又在暑期班和春季班试用了两轮。经过一年多的打磨，现在终于付梓了。希望本套教材的出版为教师在教学时提供一个选择的机会。教材编写是一个系统工程，尽管我们倾注了大量的心血，但仍有遗憾和惋惜，不尽如人意之处还希望使用者多提宝贵意见，以便将来修订、完善，使之更趋成熟。

编　者

Preface

As China's economic development continues to progress on such an impressive scale, the number of students who have developed an interest in studying the Chinese language has also gradually increased. These students include those who remain for six months or longer to partake in the long-term Chinese language programs, as well as short-term students who attend the courses for four, six, or even eight weeks. In recent years we have witnessed a rapid increase for those in the latter category.

At present, teaching materials for those enrolled in the short-term Chinese language program remain abundant. However, the number, variety and quality of these materials are not sufficient in maximizing the learning potential of the students. Of greatest concern is the lack of consistency between the materials used to teach various language skills; oftentimes, there is a vast difference between what various teachers define as the most effective means of education. This has greatly impacted the degree of efficiency when teaching. Furthermore, the amount of content within the materials and the level of difficulty of the short-term Chinese language program have not adequately accommodated for factors prone to variation, such as the in-class arrangements, teaching hours, current level of the students and their learning needs. In view of this, we have compiled a brand new collection of teaching materials, the "Meeting China" series.

I. Background to the Creation of "Meeting China"

In 1997, the foundations for the materials of the "Meeting China" series (catering for elementary, intermediate and advanced levels) were compiled and established.

This original "Meeting China" series aimed to teach comprehensive language skills. As a result of the demands of the time, the series gained such immense popularity it became renowned in the world of education, and is still widely used today. However, the nature of language education is one that forever progresses; there is a constant need to update materials and enrich course content according to new ideas and research results, as well as the defining characteristics of the time.

In March 2008, Peking University Press and the author of the original "Meeting China" held a symposium regarding the short-term Chinese language program courses, with a particular focus on the holiday courses. Consultations about the new teaching requirements and ideas for teaching materials were also made. These meetings were to serve as the prelude

Preface 前 言

to preparing the new edition of "Meeting China". Aside from the author of the preserved portion of the original materials, those who wrote the new materials are at the forefront of the School of Chinese as a Second Language at Peking University. Our aim is to advance with the times and broaden our horizons, while simultaneously preserving the remarkable foundations as established by the original teaching materials. In this way, we will transcend the original framework, following a new teaching philosophy to successfully compile a revolutionary set of teaching materials that adapt to the uniqueness of the current short-term language classes.

II. Content and Suggestions for Teaching

This set of teaching materials is comprised of a total of 8 volumes divided into two series of Comprehensive Chinese and Spoken Chinese books. Every series includes basic, elementary, intermediate and advanced levels; identical levels of comprehensive Chinese and spoken Chinese have complementary content in terms of vocabulary, grammar, topics etc.

Every book requires approximately 40-60 in-class teaching hours; this is suitable for teaching those in the full-time short-term courses, as well as those in courses of longer duration. Based on such factors as the number of learning hours required by the short-term language course students, the greater number of hours dedicated to extra-curricular activities, and insufficient time allocated to previewing and reviewing class material, we recommend the following lesson plan:

1. Texts: Every book contains 12 lessons; we suggest that each lesson is taught within 4 class hours so that one lesson is completed every two classes. The basic and elementary stages of the Comprehensive Chinese series focus on dialogue and discourse, while the intermediate and advanced stages simply focus on discourse. Intermediate stages and below in the Spoken Chinese series include the importance of context and functional integration; the texts of advanced stages also include a combination of topics and situations.

2. Vocabulary: Basic level books of the Comprehensive Chinese series contain an equal number of 15 new vocabulary items in each lesson, while advanced level books contain 30 in each lesson. Books of the corresponding levels in the Spoken Chinese series have approximately 5 less new vocabulary items. Generally speaking, every book will see the students increasing their vocabulary by approximately 300 to 700 words. The number of overlapping vocabulary items between each successive level does not exceed one third. The vocabulary items were chosen based mainly on the Outline of Chinese Vocabulary and Chinese Characters Level; this selection was also based on recent statistics which revealed the words most frequently used by short-term language program students in their daily lives. If there are new items that are not explained in the text, the teacher is free to adapt to the demands of the situation and supplement the lesson.

3. Grammar points: The Comprehensive Chinese series contain 1-2 to 4-5 grammar points each lesson. Those in the Spoken Chinese series are presented via practising sentence formation, where every lesson includes at most 5 points. All grammar points are accompanied by an English translation.

4. Practice: The new vocabulary items, texts, grammar points of each lesson are followed by suitable exercises and concluded with comprehensive practice exercises that reinforce the content that was taught. Through these practice exercises, teachers can highlight which aspects to master; comprehensive practice exercises will further consolidate the increased proficiency of the students. Forms of practice are mainly task-based, highlighting the importance of communication in situations beyond the classroom context. The appropriateness of these activities may be determined by the teacher.

III. The Main Features

1. Systematic

Comprehensive Chinese and Spoken Chinese books are complementary. Not only can each be taught in a series, but also collaboratively. Levels and subdivisions satisfy the needs of different teaching styles and make separating classes easier. In regards to the teaching materials, whether it is the amount of new vocabulary words or the length of the texts, it is possible to achieve a natural integration into daily life, ensuring students do not try to avoid studying and facilitating continuous learning.

2. Targeted

Topics will be determined by the results of a questionnaire, selected based on the students' needs and interests. Text and dialogue are top priority. They focus on vocabulary and grammar, reflecting the special demands of short-term learning.

3. Functionality

Topics, vocabulary words, and grammar points are most commonly discussed in class and can be used for everyday communication. It is important to know the clear and concise function of the vocabulary words and grammar patterns rather than have a deep and thorough categorization.

4. Put into practice

Selected topics and situations come from real life scenarios. The text layout is based on dialogues that highlight the practicality of the text and integrate with real life, so students apply what they have learned.

5. Interesting

In addition to the dialogues written in the teaching materials, the selection of written materials, and the considerations of life, knowledge, breadth, and readability, we have made an effort to incorporate fun and lively conversations into the learning materials, making the texts

Preface 前言

as rich and varied as possible, in order to stimulate the students' interest. In addition to emphasizing communicative practice, there are a number of interesting games, so learning the materials will be as interesting as possible.

Liu Yuanman and Yang Defeng made the overall design for the teaching materials. They write programs designed to develop new writing styles and formats and coordinate closely with the compilers. Yang Defeng drafted the comprehensive series while Liu Yuanman drafted the spoken series.

Our textbooks have been a part of Peking University's arsenal for generalized subject courses. Liu Yuanman is responsible for setting up the project regarding the teaching materials, and for formulating the condition of service questionnaire for teachers and students. During the preparation process, the entire team worked in a pleasant and efficient atmosphere, collaborating with each other to achieve their original design. In addition, Wang Yu organized several survey projects while Wang Wenlong organized notes from their meetings, calculated the results of the questionnaires. During the textbooks' trial process, they contacted the printing company to ensure normal usage of the teaching materials. Their work is tedious, complex, and essential to the production of this textbook.

In addition, I would like to thank the director of Peking University Press Shen Puna, and Song Liwen, Sun Xian, Shen Lan, Jia Hongjie, and other editors who, during the designing, writing and publishing process, participated in discussions, and made many valuable suggestions.

From June 2009, Peking University used this set of materials on a trial basis during the spring, summer quarters several times. After adjusting and modifying the material according to professors' and students' feedback, this set of materials was used twice more during the summer and spring quarters. After a year of polishing the material, it is finally ready for publication. We hope that the publication of this set of materials will provide the educators a choice in teaching materials. Writing textbooks is a systematic process. Even though we put in a lot of hard work, we still have regrets. We gladly welcome suggestions from anyone using the series, so we may make improvements and perfect the materials.

Compilers

略 语 表
Abbreviations

名	名词	míngcí	noun
代	代词	dàicí	pronoun
动	动词	dòngcí	verb
助动	助动词	zhùdòngcí	auxiliary word
形	形容词	xíngróngcí	adjective
数	数词	shùcí	numeral
量	量词	liàngcí	measure word
副	副词	fùcí	adverb
介	介词	jiècí	preposition
连	连词	liáncí	conjunction
助	助词	zhùcí	particle
叹	叹词	tàncí	interjection
拟声	拟声词	nǐshēngcí	onomatopoeia
头	词头	cítóu	prefix
尾	词尾	cíwěi	suffix

目 录
Contents

第 一 课	最近怎么样？		1
Dì yī kè	Zuìjìn zěnmeyàng?		
第 二 课	坐地铁几号线？		10
Dì èr kè	Zuò dìtiě jǐ hào xiàn?		
第 三 课	麻烦您一下儿		18
Dì sān kè	Máfan nín yíxiàr		
第 四 课	有什么素菜吗？		25
Dì sì kè	Yǒu shénme sùcài ma?		
第 五 课	能便宜点儿吗？		34
Dì wǔ kè	Néng piányi diǎnr ma?		
第 六 课	味道好极了！		43
Dì liù kè	Wèidào hǎo jí le!		
第 七 课	明天晚上你有空儿吗？		50
Dì qī kè	Míngtiān wǎnshang nǐ yǒu kòngr ma?		
第 八 课	我这是无线上网		60
Dì bā kè	Wǒ zhè shì wúxiàn shàng wǎng		
第 九 课	你哪儿不舒服？		68
Dì jiǔ kè	Nǐ nǎr bù shūfu?		

走进中国：初级汉语口语　　MEETING CHINA: Elementary Spoken Chinese

第 十 课　　你有什么爱好？ ………………………………………… 76
Dì shí kè　　Nǐ yǒu shénme àihào?

第 十一 课　　你想表演什么节目？ ……………………………… 85
Dì shíyī kè　　Nǐ xiǎng biǎoyǎn shénme jiémù?

第 十二 课　　这么快就要告别了！ ……………………………… 93
Dì shí'èr kè　Zhème kuài jiùyào gàobié le!

词语总表　　Vocabulary ……………………………………………… 101

第一课　最近 怎么样?
Dì yī kè　Zuìjìn zěnmeyàng?

VOCABULARY

1.	认识	rènshi	动	to know
2.	昨天	zuótiān	名	yesterday
3.	本科生	běnkēshēng	名	undergraduate
4.	研究生	yánjiūshēng	名	postgraduate
5.	短期班	duǎnqībān	名	short-term class
6.	次	cì	量	time
7.	去年	qùnián	名	last year
8.	暑假	shǔjià	名	summer vacation
9.	久	jiǔ	形	long time
10.	最近	zuìjìn	名	recently
11.	前天	qiántiān	名	the day before yesterday
12.	刚	gāng	副	just; only a short while ago
13.	网球	wǎngqiú	名	tennis
14.	语伴	yǔbàn	名	language partner
15.	帅哥	shuàigē	名	handsome boy
16.	美女	měinǚ	名	beauty

走进中国：初级汉语口语   MEETING CHINA: Elementary Spoken Chinese

专有名词

| 日本 | Rìběn | Japan |

练一练 VOCABULARY EXERCISES

1. 词语扩展   Extension

昨 天：_____天   _____天   _____天   _____天

去 年：_____年   _____年   _____年   _____年

暑 假：_____假   _____假   _____假   _____假

本科生：_____生   _____生   _____生   _____生

2. 比一比：谁学过的量词多，这些量词在下图中可以怎么用

Competition: Think of measure words which you have learned, as many as possible, and how these words are used in pictures below

3. 你有语伴吗？如果有，请介绍一下你的语伴。如果没有，你想找一个吗？为什么？

Do you have a Chinese language partner? Introduce your Chinese partner if you have. If you don't have, would you like to find one? Why?

BASIC SENTENCES

1. 认识你很高兴。
2. 大朋，是你啊！
3. 好久不见！
4. 最近怎么样？
5. 你去哪儿？

TEXT

情节：马克是刚来中国的留学生，他在迎新会上见到了自己的语伴。

李大朋：你好！我是李大朋，叫我大朋就行了。你呢？

马　克：我叫马克，美国人。认识你很高兴。

大　朋：我也是。你是什么时候到中国的？

马　克：昨天。你今年大几了？

1. 请介绍一下马克。
（美国人　昨天
短期班　一个月
第一次　去年暑假）

大　朋：我不是<u>本科生</u>，我是<u>研究生</u>。你是<u>短期班</u>的学生吗？
马　克：是的。我只学习一个月。
大　朋：你是第一<u>次</u>来中国吗？
马　克：不是，我<u>去年暑假</u>来过中国。

情节：李大朋拿着网球拍，在门口遇到了明子。

2. 请介绍一下明子。
（前天　日本　语伴）

大　朋：明子，还认识我吗？
明　子：大朋，是你啊！好<u>久</u>不见了！
大　朋：好久不见！<u>最近</u>怎么样？
明　子：还可以。我<u>前天刚</u>从<u>日本</u>回来。你去打<u>网球</u>？
大　朋：对。你去哪儿？
明　子：我要见我的<u>语伴</u>。
大　朋：还是那个<u>帅哥</u>吗？
明　子：不，是个新语伴。一个<u>美女</u>！

第一课 最近怎么样？
Dì yī kè Zuìjìn zěnmeyàng?

(Qíngjié：Mǎkè shì gāng lái Zhōngguó de liúxuéshēng, tā zài yíngxīnhuì shang jiàndàole zìjǐ de yǔbàn.)

Lǐ Dàpéng： Nǐ hǎo! Wǒ shì Lǐ Dàpéng, jiào wǒ Dàpéng jiù xíng le. Nǐ ne?

Mǎkè： Wǒ jiào Mǎkè, měiguórén. Rènshi nǐ hěn gāoxīng.

Dàpéng： Wǒ yě shì. Nǐ shì shénme shíhòu dào Zhōngguó de?

Mǎkè： Zuótiān. Nǐ jīnnián dà jǐ le?

Dàpéng： Wǒ bú shì běnkēshēng, wǒ shì yánjiūshēng. Nǐ shì duǎnqībān de xuésheng ma?

Mǎkè： Shì de. Wǒ zhǐ xuéxí yí ge yuè.

Dàpéng： Nǐ shì dì yī cì lái Zhōngguó ma?

Mǎkè： Bú shì, wǒ qùnián shǔjià láiguo Zhōngguó.

(Qíngjié：Lǐ Dàpéng názhe wǎngqiú pāi, zài ménkǒu yùdàole Míngzǐ.)

Dàpéng： Míngzǐ, hái rènshi wǒ ma?

Míngzǐ： Dàpéng, shì nǐ a! Hǎo jiǔ bú jiàn le!

Dàpéng： Hǎo jiǔ bú jiàn! Zuìjìn zěnmeyàng?

Míngzǐ： Hái kěyǐ. Wǒ qiántiān gāng cóng Rìběn huílai. Nǐ qù dǎ wǎngqiú?

Dàpéng： Duì. Nǐ qù nǎr?

Míngzǐ： Wǒ yào jiàn wǒ de yǔbàn.

Dàpéng： Hái shì nà ge shuàigē ma?

Míngzǐ： Bù, shì ge xīn yǔbàn. Yí ge měinǚ!

SENTENCE PATTERNS

1. 叫我大朋就行了。

"……就行了"常用来表示说话者的一种态度，含有"不用麻烦，只要用比较简单的方式方法就可以了"的意思。如：

"……就行了" is commonly used to express the speaker's attitude. It means to keep things simple, not wanting to add further complications. For instance:

(1) 不用太贵，能用就行了。
(2) 明天去就行了。

练一练 PATTERN EXERCISES

完成对话 Complete the following dialogues

(1) A：你想喝点儿什么？
    B：_____就行了。
(2) A：你想听什么歌？
    B：_____就行了。
(3) A：你想吃点儿什么？
    B：_____就行了。

2. 你是什么时候到中国的？

"是……的"可以表示过去发生的事情，强调某一件事情发生的时间、地点、方式等。如：

"是……的" is used to confirm what have happened, and emphasize the time, location and way of happening. For instance:

(1) 我是七点起床的。
(2) 我是在中国学的。
(3) 我是坐公共汽车去的。

练一练　PATTERN EXERCISES

完成对话　Complete the following dialogues
(1) A：你今天是怎么来上课的？
　　B：我是_____的。
(2) A：你是怎么认识王平的？
　　B：是_____的。
(3) A：这个字是谁写的？
　　B：这个字是_____的。

EXPRESSIVE EXERCISES

1. 完成对话　Complete the following dialogues
(1) A：你认识她吗？
　　B：_____。
(2) A：你是什么时候到中国的？
　　B：_____。
(3) A：你第一次来中国吗？
　　B：_____。
(4) A：最近怎么样？
　　B：_____。
(5) A：你去哪儿？
　　B：_____。

2. 请根据提供的信息分小组互相介绍和问候
Make conversations in groups, based on the given information

（1）参考用语：Words for reference:

认识你很高兴！

你是什么时候到中国的？

玛丽（Mǎlì）
女　英国人
大学生
二年级（niánjí）
第一次来中国

刘平（Liú Píng）
男
中国人
大学本科生

（2）参考用语：Words for reference:

好久不见！

最近怎么样？

你去哪儿？

青子（Qīngzǐ）
日本人
研究生
汉语短期班学生
去年暑假在中国旅行（lǚxíng）

大卫
美国人
大学生
三年级
汉语短期班学生

3. 情境会话　Situational dialogues

参考用语：Words for reference:

认识　昨天　短期班　本科生　研究生　最近　前天
……就行了　是……的

（1）一个留学生和一个中国语伴，在校园（xiàoyuán，campus）第一次见面。

（2）在食堂（shítáng，dinning hall）门口（ménkǒu，gate），见到了一个很久没见面的朋友。

4. 成段表达　Express in paragraph

我认识了一个新朋友，……

第二课　坐地铁几号线？
Dì èr kè　Zuò dìtiě jǐ hào xiàn?

VOCABULARY

1.	地铁	dìtiě	名	subway
2.	号	hào	名	number; size
3.	线	xiàn	名	line
4.	购物中心	gòuwù zhōngxīn		the shopping mall
5.	转	zhuǎn	动	to change
6.	站	zhàn	名	station
7.	张	zhāng	量	measure word for paper, stamp and table, etc.
8.	票	piào	名	ticket; receipt
9.	师傅	shīfu	名	master
10.	火车	huǒchē	名	train
11.	堵车	dǔ chē		traffic jam
12.	大概	dàgài	副	general; approximate
13.	分钟	fēnzhōng	名	minute
14.	急事	jíshì	名	emergency
15.	快	kuài	形	fast

第二课 坐地铁几号线？
Dì èr kè Zuò dìtiě jǐ hào xiàn?

16. 路口	lùkǒu	名	crossing
17. 调头	diào tóu		to make a U-turn
18. 停	tíng	动	to stop

专有名词

| 西直门 | Xīzhímén | | a place in Beijing |

练一练 VOCABULARY EXERCISES

1. 词语扩展　Extension

地铁站：_____站　　_____站　　_____站　　_____站

火　车：_____车　　_____车　　_____车　　_____车

2. 你喜欢哪种交通工具？为什么？
What type of vehicle do you prefer? Why?

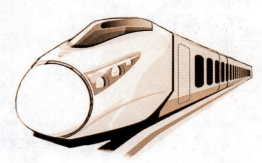

3. 你觉得自己是一个幸运的人吗？为什么？
Are you a lucky guy? Why?

走进中国：初级汉语口语　　MEETING CHINA: Elementary Spoken Chinese

BASIC SENTENCES

1. 请问，从这儿到购物中心坐地铁几号线？
2. 先坐4号线，再转2号线。
3. 在哪里转？
4. 我有急事，您能快点儿吗？
5. 快到了吗？

TEXT

情节：明子在地铁站买票。

1. 请说说该（gāi）怎么去购物中心。
（地铁　号　线　转）

明　子：请问，从这儿到购物中心坐地铁几号线？

售票员：先坐4号线，再转2号线。

明　子：在哪里转？

第二课　坐地铁几号线？
Dì èr kè　Zuò dìtiě jǐ hào xiàn?

售票员：西直门站。
明　子：多少钱一张票？
售票员：两块钱。

情节：在出租车上。

马克：师傅，去火车站多长时间？
司机：要是不堵车的话，大概四十分钟。
马克：我有急事，您能快点儿吗？
司机：好。
马克：快到了吗？
司机：对，下个路口调头就到了。
马克：太快了！三十分钟就到了。
司机：前面不能停车，只能停这儿了。
马克：没关系。多少钱？
司机：一共五十二块钱。要票吗？
马克：要。

2. 去火车站大概多长时间？
（堵车　大概）

3. 马克多长时间到火车站的？

(Qíngjié：Míngzǐ zài dìtiě zhàn mǎi piào.)
　　Míngzǐ：Qǐngwèn, cóng zhèr dào gòuwù zhōngxīn zuò

　　　　　　　　　　dìtiě jǐ hào xiàn?
Shòupiàoyuán：Xiān zuò sì hào xiàn, zài zhuǎn èr hào xiàn.
　　　　Míngzǐ：Zài nǎli zhuǎn?
Shòupiàoyuán：Xīzhímén zhàn.
　　　　Míngzǐ：Duōshao qián yì zhāng piào?
Shòupiàoyuán：Liǎng kuài qián.

（Qíngjié：Zài chūzūchē shang.）
　　　　Mǎkè：Shīfu, qù huǒchēzhàn duō cháng shíjiān?
　　　　Sījī：Yàoshi bù dǔ chē dehuà, dàgài sìshí fēnzhōng.
　　　　Mǎkè：Wǒ yǒu jíshì, nín néng kuài diǎnr ma?
　　　　Sījī：Hǎo.
　　　　Mǎkè：Kuài dào le ma?
　　　　Sījī：Duì, xià ge lùkǒu diào tóu jiù dào le.
　　　　Mǎkè：Tài kuài le! Sānshí fēnzhōng jiù dào le.
　　　　Sījī：Qiánmiàn bù néng tíng chē, zhǐ néng tíng zhèr le.
　　　　Mǎkè：Méi guānxi. Duōshao qián?
　　　　Sījī：Yígòng wǔshí'èr kuài qián. Yào piào ma?
　　　　Mǎkè：Yào.

SENTENCE PATTERNS

1. 要是不堵车的话，大概四十分钟。

■ "要是……的话"表示假设，同"如果……"，多用于口语。如：
"要是……的话" indicates assumption or if, as "如果……". It is always used in spoken language. For instance:

（1）要是我有空儿的话，我们就一起去购物中心。
（2）要是你可以的话，我们就星期一见面。

练一练　PATTERN EXERCISES

完成句子　Complete the following sentences

（1）要是你有时间的话，_____。
（2）要是明天不上课的话，_____。
（3）要是没有语伴的话，_____。
（4）要是_____的话，_____。

2. 下个路口调头就到了。

■ "就"，副词，常表示事情在短时间内发生或结束得早。如：
"就"，is an adverb, indicating that the thing happens in a short time or ends very soon. For instance:

（1）下一站就是购物中心。
（2）我的作业很快就做完了。

练一练　PATTERN EXERCISES

完成对话　Complete the following dialogues

（1）A：师傅，什么时候到西直门地铁站？
　　　B：_____。
（2）A：他什么时候回来？
　　　B：_____。
（3）A：_____？
　　　B：我明天就去上海。
（4）A：_____？
　　　B：_____就_____。

走进中国：初级汉语口语　MEETING CHINA: Elementary Spoken Chinese

EXPRESSIVE EXERCISES

1. 仿照例句，分小组用加点的词语对话
   Follow the examples and use the dotted words to complete the dialogues in pairs

   (1) A：请问，从这儿到购物中心坐地铁几号线？
   　　B：先坐4号线，再转2号线。

   (2) A：在哪里转？
   　　B：西直门站。

   (3) A：我有急事，您能快点儿吗？
   　　B：好。

2. 熟读并背诵下面的话
   Learn and recite the following passage by heart

   　　我坐出租车去火车站。从这儿到火车站，要是不堵车的话，大概四十分钟。今天我很幸运，一点儿都不堵车。

3. 情境会话　Situational dialogues
   参考用语：Words for reference:

> 大概　分钟　师傅　堵车　路口　调头　票　站　幸运　停
> 先……再……　　要是……的话　　……就……
> 请问，从这儿到……坐地铁几号线？　在哪里转？　我有急事，能快点儿吗？

   (1) 你坐地铁去火车站，售票员告诉 (gàosu, to tell) 你怎么去。
   (2) 你坐出租车去购物中心，你和司机聊天 (liáo tiān, to chat)。

4. 绕口令　A tongue twister

shuō de shì liùshíliù tiáo hútòng kǒu,
说　的　是　六十六　条　胡同　口,
zhù zhe ge liùshíliù suì de Liú lǎotóu.
住　着　个　六十六　岁　的　刘　老头。

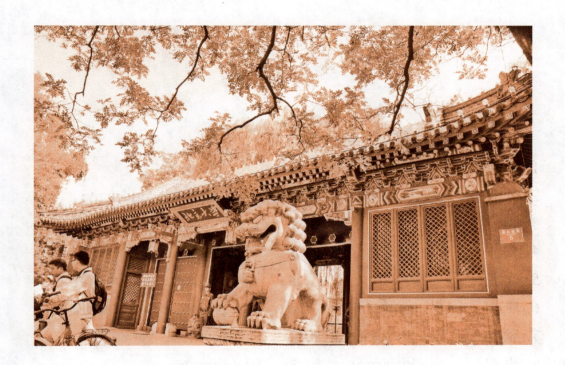

第三课　麻烦 您 一下儿
Dì sān kè　Máfan nín yíxiàr

 词语

VOCABULARY

1.	地方	dìfang	名	place
2.	风景	fēngjǐng	名	scenery; landscape
3.	照	zhào	动	to photograph
4.	相	xiàng	名	photo
5.	背景	bèijǐng	名	background; backdrop
6.	麻烦	máfan	动	to bother; to trouble
7.	照相机	zhàoxiàngjī	名	camera
8.	快门	kuàimén	名	shutter
9.	按	àn	动	to press
10.	准备	zhǔnbèi	动	to prepare
11.	喊	hǎn	动	to shout
12.	茄子	qiézi	名	eggplant
13.	说法	shuōfǎ	名	idea; saying
14.	有意思	yǒu yìsi		interesting; enjoyable
15.	后面	hòumiàn	名	at the back; behind
16.	让	ràng	动	to get out of the way

第三课　麻烦您一下儿
Dì sān kè　Máfan nín yíxiàr

1. 词语扩展　Extension

照相机：_____机　　_____机　　_____机　　_____机

后　面：_____面　　_____面　　_____面　　_____面

2. 每次考试（kǎo shì，exam）前，你会做哪些准备？
How do you prepare for an exam?

3. 最近你有什么有意思的事吗？
Did you have any interesting experiences recently?

关键句　BASIC SENTENCES

1. 好，听你的。
2. 麻烦您一下儿。
3. 能帮我们照张相吗？
4. 没问题。
5. 准备好了吗？

课文　TEXT

情节：马克、明子和大朋一起出去玩儿。

马克：这个地方真美啊！

走进中国：初级汉语口语　MEETING CHINA: Elementary Spoken Chinese

1. 这个地方怎么样？
他们要做什么？
（美　照张相　一起）

明子：是啊，风景真美！咱们在这儿照张相吧。

马克：好，听你的。这儿的背景很好。我们三个一起照吧。

情节：大朋找到一个路人。

大朋：您好！麻烦您一下儿，能帮我们照张相吗？

路人：没问题。照相机的快门在哪儿？

马克：在这儿，按一下就行了。

路人：准备好了吗？我说"一、二、三"。你们喊茄子！

2. 你们国家照相的时候经常喊什么？

明子：茄子？这个说法有意思！

路人：等一下，后面有人。

3. 他们照相的时候有什么麻烦？
（快门　后面）

大朋：（对后面的人说）对不起，能让一下吗？我们照张相。谢谢！

路人：好，茄子！

第三课 麻烦您一下儿
Dì sān kè Máfan nín yíxiàr

马克、明子、大朋：茄——子——！
路人：好了。照得行吗？
马克：很好，谢谢！

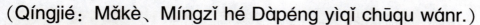

(Qíngjié：Mǎkè、Míngzǐ hé Dàpéng yìqǐ chūqu wánr.)

Mǎkè： Zhè ge dìfang zhēn měi a!

Míngzǐ： Shì a, fēngjǐng zhēn měi! Zánmen zài zhèr zhào zhāng xiàng ba.

Mǎkè： Hǎo, tīng nǐ de. Zhèr de bèijǐng hěn hǎo. Wǒmen sān ge yìqǐ zhào ba.

(Qíngjié：Dàpéng zhǎodào yí ge lùrén.)

Dàpéng： Nín hǎo! Máfan nín yíxiàr, néng bāng wǒmen zhào zhāng xiàng ma?

Lùrén： Méi wèntí. Zhàoxiàngjī de kuàimén zài nǎr?

Mǎkè： Zài zhèr, àn yíxià jiù xíng le.

Lùrén： Zhǔnbèi hǎo le ma? Wǒ shuō "yī、èr、sān". Nǐmen hǎn qiézi!

Míngzǐ： Qiézi? Zhè ge shuōfǎ yǒu yìsi!

Lùrén： Děng yíxià, hòumiàn yǒu rén.

Dàpéng： (Duì hòumiàn de rén shuō) Duìbuqǐ, néng ràng yíxià ma? Wǒmen zhào zhāng xiàng. Xièxie!

Lùrén： Hǎo, qiézi!

Mǎkè, Míngzǐ, Dàpéng： Qié——zi——!

Lùrén： Hǎo le. Zhào de xíng ma?

Mǎkè： Hěn hǎo, xièxie!

走进中国：初级汉语口语　　MEETING CHINA: Elementary Spoken Chinese

常用句式
SENTENCE PATTERNS

1. 这个地方真美啊！

> "真"，这里强调程度深，后面跟形容词。如：
> The word "真" here means "really", emphasizing the degree. For instance:

(1) 今天真冷。
(2) 她的汉语说得真好。

练一练　PATTERN EXERCISES

读短语，然后用它们各说一句话
Read the phrases and then use each of them in a sentence

(1) 烤鸭真好吃：＿＿＿＿＿＿＿＿＿＿＿＿＿＿＿＿。
(2) 打网球真高兴：＿＿＿＿＿＿＿＿＿＿＿＿＿＿＿。
(3) 学中文真有意思：＿＿＿＿＿＿＿＿＿＿＿＿＿。
(4) 夏天真热：＿＿＿＿＿＿＿＿＿＿＿＿＿＿＿＿。

2. 好，听你的。

> "听你的"意思是完全听从对方的意见或建议。如：
> "听你的" means "totally follow your opinion or suggestion". For instance:

(1) A：你什么时候去打球？
　　B：听你的。
(2) A：我们下午去图书馆，怎么样？
　　B：听你的。

练一练 PATTERN EXERCISES

完成对话　Complete the following dialogues

(1) A：你想什么时候去购物中心？
　　B：_____。

(2) A：咱们明天去_____，好吗？
　　B：_____。

(3) A：我们在_____吃饭，怎么样？
　　B：_____。

(4) A：_____
　　B：好，听你的。

表达练习 EXPRESSIVE EXERCISES

1. 完成对话　Complete the dialogues

(1) A：麻烦您一下儿，您知道怎么去火车站吗？
　　B：_____。

(2) A：麻烦您一下儿，_____？
　　B：大概一个小时二十分钟。

(3) A：你能帮我们照张相吗？
　　B：_____。

(4) A：你能帮我_____？
　　B：好的。

(5) A：你的考试准备好了吗？
　　B：_____。

(6) A：_____？
　　B：准备好了。

2. 模拟表演本课的会话　Perform the dialogue of this lesson

3. 情境会话　Situational dialogues
参考用语：Words for reference:

> 麻烦　风景　快门　准备　喊　真……啊　听你的　没问题

(1) 你和朋友一起去旅游（lǚyóu, to travel），请别人帮你们照相。
(2) 请同学帮你买两张电影（diànyǐng, movie）票。

4. 摄影展评　Comments on photos
把自己最满意的照片拿出来介绍，大家一起来评价。
Introduce the most satisfied pictures you have taken and ask for comments from others.
参考用语：Words for reference:

> 照相机　地方　背景　有意思　说法

第四课　有 什么 素菜 吗?
Dì sì kè　Yǒu shénme sùcài ma?

VOCABULARY

1.	光临	guānglín	动	graciously to be present
2.	菜单	càidān	名	menu
3.	了解	liǎojiě	动	to know
4.	推荐	tuījiàn	动	to recommend
5.	特色	tèsè	名	specialty; characteristic
6.	家常菜	jiāchángcài	名	homely dish
7.	辣	là	形	hot; spicy
8.	辣子鸡丁	làzi jīdīng		diced hot spicy chicken
9.	排骨炖豆角	páigǔ dùn dòujiǎo		stewed spare ribs with beanstalk
10.	京酱肉丝	jīngjiàng ròusī		sauteed shredded pork in sweet bean sauce
11.	味道	wèidào	名	taste
12.	甜	tián	形	sweet
13.	尝	cháng	动	to have a taste
14.	荤	hūn	名	meat or fish

15. 素	sù	名	vegetables
16. 西兰花	xīlánhuā	名	broccoli
17. 红烧豆腐	hóngshāo dòufu		fried beancurd
18. 凉	liáng	形	cool
19. 够	gòu	动	enough
20. 差不多	chàbuduō	副	almost; nearly
21. 主食	zhǔshí	名	staple food
22. 壶	hú	名	kettle; pot
23. 菊花茶	júhuāchá	名	chrysanthemum tea
24. 饿	è	形	hungary
25. 稍	shāo	副	a little bit
26. 买单	mǎi dān		to pay for the bill
27. 打包	dǎ bāo		to take away

练一练 VOCABULARY EXERCISES

1. 用本课生词完成句子

Complete the following sentences with the vocabulary of this lesson

(1) 桌子上有一份（　　　）。
(2) 服务员给我们（　　　）了三个菜。
(3) 这些菜是这个饭馆儿的（　　　）菜。
(4) 清炒西兰花是（　　　）菜。
(5) 辣子鸡丁是（　　　）菜。
(6) 昨天我喝了两（　　　）菊花茶。

2. 介绍一个你知道的特色菜

Introduce a special kind of food that you know

第四课 有什么素菜吗？
Dì sì kè Yǒu shénme sùcài ma?

3. 你喜欢吃素菜还是荤菜，为什么？
What kind of dishes do you like, vegetables or meat? Why?

BASIC SENTENCES

1. 欢迎光临，您几位？
2. 您能推荐一下这里的特色菜吗？
3. 有什么素菜吗？
4. 要不要点个凉菜？
5. 点了好几个菜了，够了。

TEXT

情节：马克、明子和大朋在饭馆儿点菜。

服务员：欢迎光临，您几位？
马　克：三位。
服务员：好的，这边请。这是菜单。
马　克：我们吃点儿什么？
明　子：我不太了解中国菜。你们点吧。
大　朋：您能推荐一下这里的特色菜吗？
服务员：我们主要是家常菜，辣子鸡丁、排骨炖豆角、京酱肉丝都很好吃。

1. 明子为什么没有点菜？
（了解）

走进中国：初级汉语口语
MEETING CHINA: Elementary Spoken Chinese

2. 马克为什么没点辣子鸡丁？
(……是……，就是……)

3. 大朋点了什么菜？为什么？
(好吃　甜)

4. 他们为什么没点凉菜？
(够　好几个　差不多)

大　朋：辣子鸡丁怎么样？

马　克：辣子鸡丁好吃是好吃，就是太辣了。来个排骨炖豆角吧。

大　朋：我要个京酱肉丝，这个味道很好，有一点儿甜。你们也尝尝吧。

明　子：他们吃荤，我吃素。有什么素菜吗？

服务员：西兰花怎么样？

明　子：好，就要个西兰花吧。

马　克：再来个红烧豆腐。要不要点个凉菜？

明　子：点了好几个菜了，够了。

大　朋：差不多了。咱们再来点儿什么主食？

明子和大朋：米饭吧。

马　克：三碗米饭。

第四课 有什么素菜吗？
Dì sì kè Yǒu shénme sùcài ma?

服务员：你们喝儿点什么？
马　克：一壶菊花茶。我们很饿，快点儿好吗？
服务员：好的，请稍等。

情节：三个人吃完饭。

马　克：服务员，买单！
服务员：要打包吗？
明　子：打包。

(Qíngjié：Mǎkè、Míngzǐ hé Dàpéng zài fànguǎnr diǎn cài.)

Fúwùyuán： Huānyíng guānglín, nín jǐ wèi?
Mǎkè： Sān wèi.
Fúwùyuán： Hǎo de, zhèbiān qǐng. Zhè shì càidān.
Mǎkè： Wǒmen chīdiǎnr shénme?
Míngzǐ： Wǒ bú tài liǎojiě Zhōngguócài. Nǐmen diǎn ba.
Dàpéng： Nín néng tuījiàn yíxià zhèli de tèsè cài ma?
Fúwùyuán： Wǒmen zhǔyào shì jiāchángcài, làzi jīdīng, páigǔ dùn dòujiǎo, jīngjiàng ròusī dōu hěn hǎochī.
Dàpéng： Làzi jīdīng zěnmeyàng?
Mǎkè： Làzi jīdīng hǎochī shì hǎochī, jiùshì tài là le. Láige páigǔ dùn dòujiǎo ba.
Dàpéng： Wǒ yàoge jīngjiàng ròusī, zhè ge wèidào hěn hǎo, yǒu yìdiǎnr tián. Nǐmen yě chángchang ba.
Míngzǐ： Tāmen chī hūn, wǒ chī sù. Yǒu shénme sùcài ma?
Fúwùyuán： Xīlánhuā zěnmeyàng?

Míngzǐ: Hǎo, jiù yàoge xīlánhuā ba.

Mǎkè: Zài láige hóngshāo dòufu. Yào bu yào diǎnge liángcài?

Míngzǐ: Diǎnle hǎojǐ gè cài le, gòu le.

Dàpéng: Chàbuduō le. Zánmen zài láidiǎnr shénme zhǔshí?

Míngzǐ hé Dàpéng: Mǐfàn ba.

Mǎkè: Sān wǎn mǐfàn.

Fúwùyuán: Nǐmen hēdiǎnr shénme?

Mǎkè: Yì hú júhuāchá. Wǒmen hěn è, kuài diǎnr hǎo ma?

Fúwùyuán: Hǎo de, qǐng shāo děng.

(Qíngjié: Sān ge rén chīwán fàn.)

Mǎkè: Fúwùyuán, mǎi dān!

Fúwùyuán: Yào dǎ bāo ma?

Míngzǐ: Dǎ bāo.

SENTENCE PATTERNS

1. 辣子鸡丁好吃是好吃，就是太辣了。

- "……是……，就是……"是一个口语常用句式，前半句表达满意的方面，后半句表达美中不足的方面，重点在后者。如：

  "……是……，就是……" is commonly used in colloquial Chinese. The first half of the structure expresses satisfaction, but the second half expresses a lack or dissatisfaction of some kind. The emphasis is placed on the second half.

第四课 有什么素菜吗?
Dì sì kè Yǒu shénme sùcài ma?

(1) 这件衣服好是好，就是太贵了。
(2) 这个菜好吃是好吃，就是太甜了。

练一练　PATTERN EXERCISES

完成句子　Complete the following sentences

(1) 看电影好是好，就是_____。
(2) 这本书有意思是有意思，就是_____。
(3) 坐出租车上学快是快，就是_____。
(4) 这个网吧大是大，就是_____。

2. 点了好几个菜了，够了。

■ "好"在这里是副词，用在"几 + 量词"前，表示数量多。如：
Here "好" is an adverb, used in front of "几 + 量词", expressing a multiple number. For instance:

好几十本书　　　好几百块钱

练一练　PATTERN EXERCISES

完成对话　Complete the following dialogues

(1) A：从这里坐飞机到北京要多少个小时？
　　B：_____。
(2) A：三份快餐多少钱？
　　B：_____。
(3) A：你每天上网多长时间？
　　B：_____。
(4) A：你们学校大概有多少学生？
　　B：_____。

走进中国：初级汉语口语　　MEETING CHINA: Elementary Spoken Chinese

表达练习

EXPRESSIVE EXERCISES

1. 完成对话　Complete the following dialogues

(1) A：欢迎_____，_____？
　　B：两位。

(2) A：我们吃点儿什么？
　　B：_____。

(3) A：你能推荐一下这里的特色菜吗？
　　B：_____。

(4) A：你吃荤的还是素的？
　　B：_____。

(5) A：我们吃什么主食？
　　B：_____。

(6) A：一碗米饭够吗？
　　B：_____。

2. 两人一组，互相问答　Ask and answer in pairs

(1) 你吃过哪些中国菜？最喜欢什么菜？最不喜欢什么菜？为什么？
(2) 你觉得中国菜有什么特点？你们国家的菜有什么特点？
(3) 你吃过哪些国家的菜？最喜欢哪个国家的菜？为什么？

3. 情境会话　Situational dialogues

请朋友去饭馆儿吃饭……

参考用语：Words for reference:

菜单　了解　尝　够　差不多　买单　饿　打包
欢迎光临，您几位？　您能推荐一下这里的特色菜吗？
有什么素菜吗？　要不要点个凉菜？　咱们来点儿什么主食？

第四课 有什么素菜吗?
Dì sì kè Yǒu shénme sùcài ma?

会话分六部分: This dialogue is composed of six parts:

(1) 请朋友一起去吃饭;
(2) 介绍一个饭馆儿,说明为什么去那里吃饭;
(3) 到饭馆儿后点菜;
(4) 服务员介绍特色菜;
(5) 讨论点什么菜:荤、素、主食、饮料等;
(6) 买单,打包。

4. 听与读   Listen and read

Niúniu bú ài chī ròu, bú ài chī dòu.
牛牛 不爱吃肉,不爱吃豆。
Chī fàn fā chóu, yuèláiyuè shòu.
吃饭发愁, 越来越 瘦。
Niūniu yòu ài chī ròu, yòu ài chī dòu.
妞妞 又 爱 吃 肉, 又 爱 吃 豆。
Chī fàn bù chóu, zhuàng de xiàng niú.
吃 饭 不 愁, 壮 得 像 牛。

第五课 能 便宜 点儿 吗?
Dì wǔ kè Néng piányi diǎnr ma?

VOCABULARY

1.	随便	suíbiàn	形	whatever; whichever
2.	T恤	T xù	名	T-shirt
3.	打折	dǎ zhé		to sell at a discount
4.	薄	báo	形	thin
5.	瘦	shòu	形	tight
6.	颜色	yánsè	名	color
7.	浅	qiǎn	形	(of color) light
8.	试	shì	动	to try on
9.	穿	chuān	动	to wear
10.	中号	zhōnghào	名	medium size
11.	讲价	jiǎng jià		to bargain
12.	棉	mián	名	cotton
13.	舒服	shūfu	形	comfortable
14.	收款台	shōukuǎntái	名	cashier counter
15.	内	nèi	名	within
16.	质量	zhìliàng	名	quality

17. 凭	píng	介	to rely on
18. 退	tuì	动	to return
19. 换	huàn	动	to exchange
20. 欢迎	huānyíng	动	to welcome

练一练 VOCABULARY EXERCISES

1. 填写反义词　Fill the opposites

浅— 　　贵— 　　多— 　　薄— 　　上—
瘦— 　　远— 　　内— 　　大— 　　长—

2. 比一比：谁知道的衣服名称最多
　　Competition: Think of names of clothing, as many as possible

3. 你喜欢买打折的东西吗？为什么？
　　Do you like buying discounted items? Why?

走进中国：初级汉语口语　　MEETING CHINA: Elementary Spoken Chinese

BASIC SENTENCES

1. 您想买点儿什么？
2. 随便看看。
3. 试一下吧。
4. 您穿多大的？
5. 能便宜点儿吗？

TEXT

情节：明子在商店买衣服。

售货员：您想买点儿什么？

明　子：随便看看。（过了一会儿）这件T恤多少钱？

第五课 能便宜点儿吗？
Dì wǔ kè　Néng piányi diǎnr ma?

售货员：现在打七折，一百三十八块。
明　子：有薄一点儿、瘦一点儿的吗？
售货员：有啊！您看这件怎么样？
明　子：有没有别的颜色的？
售货员：有。什么颜色的都有。红的、黄的、白的、浅蓝色的。试一下吧。您穿多大的？
明　子：中号的。我试试这件浅蓝色的吧。

情节：明子试穿后。

1. 明子想买一件什么样的T恤？
（薄　瘦　中号　浅蓝色）

售货员：多漂亮啊！
明　子：有点儿贵，能便宜点儿吗？
售货员：这儿不能讲价。这T恤一点儿也不贵。这是棉的，穿着很舒服的。
明　子：就要这件吧。
售货员：您还要别的吗？
明　子：不用了。
售货员：（开票）给您小票，收款台在那边。

2. 售货员觉得这件T恤贵吗？为什么？
（棉　舒服）

情节：明子付钱以后，把交款单交给售货员。

售货员：小票请收好。一个星期内如果有质量问题，可以凭票退换。欢迎您再来！

3. 这件T恤如果有质量问题怎么办？
（内　凭票退还）

（Qíngjié：Míngzǐ zài shāngdiàn mǎi yīfu.）

Shòuhuòyuán: Nín xiǎng mǎidiǎnr shénme?

Míngzǐ: Suíbiàn kànkan.（Guòle yíhuìr）Zhè jiàn T xù duōshao qián?

Shòuhuòyuán: Xiànzài dǎ qī zhé, yìbǎi sānshíbā kuài.

Míngzǐ: Yǒu báo yìdiǎnr, shòu yìdiǎnr de ma?

Shòuhuòyuán: Yǒu a! Nín kàn zhè jiàn zěnmeyàng?

Míngzǐ: Yǒu méiyǒu biéde yánsè de?

Shòuhuòyuán: Yǒu. Shénme yánsè de dōu yǒu. Hóng de, huáng de, bái de, qiǎnlánsè de. Shì yíxià ba. Nín chuān duō dà de?

Míngzǐ: Zhōnghào de. Wǒ shìshi zhè jiàn qiǎnlánsè de ba.

（Qíngjié：Míngzǐ shì chuān hòu.）

Shòuhuòyuán: Duō piàoliang a!

Míngzǐ: Yǒudiǎnr guì, néng piányi diǎnr ma?

Shòuhuòyuán: Zhèr bù néng jiǎng jià. Zhè T xù yìdiǎnr yě bú guì. Zhè shì mián de, chuānzhe hěn shūfu de.

Míngzǐ: Jiù yào zhè jiàn ba.

Shòuhuòyuán: Nín hái yào biéde ma?

Míngzǐ: Búyòng le.

Shòuhuòyuán:（Kāi piào）Gěi nín xiǎopiào, shōukuǎntái zài nàbiān.

（Qíngjié：Míngzǐ fù qián yǐhòu, bǎ jiāokuǎndān jiāo gěi shòuhuòyuán.）

Shòuhuòyuán: Xiǎopiào qǐng shōuhǎo. Yí ge xīngqī nèi rúguǒ yǒu

zhìliàng wèntí, kěyǐ píng piào tuìhuàn. Huānyíng nín zài lái!

SENTENCE PATTERNS

1. 现在打七折，一百三十八块。

■ "折"指"折扣"，买卖货物时，从原价中减去一部分价钱，这一部分价钱就是折扣。"七折"：如果一百元的货物卖七十元，就是七折；卖八十五元就是八五折；卖五十元就是五折。
Here "折" means "折扣" (discount); when shopping, if you drop part of the price from the original price, this part of the price is called a discount. "七折": if a 100-yuan product sells for 70 yuan, this is 70% (of the original); if it sells for 85 yuan, then it's 85% (of the original); if it sells for 50 yuan, then it's 50% (of the original).

2. 这T恤一点儿也不贵。

■ "一点儿也不……"意思是"根本不……"、"完全不……"，也可说成"一点儿都不……"。如：
"一点儿也不……" means "not...at all". The equivalent saying is "一点儿都不……". For instance:

(1) 我一点儿也（/都）听不懂。
(2) 他一点儿也（/都）不大。

练一练 PATTERN EXERCISES

用"一点儿也（/都）不……"完成对话
Complete the following dialogues with "一点儿也（/都）不……"

(1) A：中国菜贵吗？
　　B：_____。
(2) A：北京的地铁票贵吗？
　　B：_____。
(3) A：这件衣服舒服吗？
　　B：_____。
(4) A：_____？
　　B：一点儿都不_____。

3. 一个星期内

■ "内"是方位词，用在处所名词后，表示不超出一定的界限。如："学校内"、"教室内"。"内"也可用在表示时间的数量词后，表示不超过一定的期限。如："四天内"、"两个小时内"。"内"不能单独使用。
"内" is a noun of location, used after the noun of place, expressing something that doesn't exceed a certain boundary, for instance: "学校内"、"教室内". "内" can also be used after a quantifier of time, expressing within sometime, for instance: "四天内"、"两个小时内". "内" can not be used by itself.

练一练 PATTERN EXERCISES

用"……内"完成对话
Complete the following dialogues with "……内"

(1) A：他什么时候回北京？
　　B：_____。

（2）A：哪里不能抽烟（chōu yān, to smoke）？

　　　B：_____。

表达练习

EXPRESSIVE EXERCISES

1. 完成对话　Complete the following dialogues

（1）A：您想买点儿什么？

　　　B：_____。

（2）A：这条裤子（kùzi, trousers）有什么颜色的？

　　　B：_____。

（3）A：您穿多大的鞋（xié, shoes）？

　　　B：_____。

（4）A：我可以试一下这双（shuāng, pair）鞋吗？

　　　B：_____。

（5）A：能便宜点儿吗？

　　　B：_____。

2. 两人一组，互相问答　Ask and answer in pairs

（1）你们国家买东西可以讲价吗？

（2）你在中国买东西了吗？你讲价了吗？

（3）你喜欢讲价吗？为什么？

3. 复述课文　Retell the text in the way of narration

　　　明子去商店买衣服……

4. 情境会话　Situational dialogues

参考用语：Words for reference:

> 大/小　长/短　便宜/贵　打折　讲价　质量　退　换　欢迎
> 您想买点儿什么？　您穿多大的？（大号/中号/小号）
> 您喜欢什么颜色的？（红/蓝/黄/绿/黑/白）　能便宜点儿吗？

(1) 一个女孩儿正在买裤子。
(2) 一个女孩儿正在买鞋。
(3) 一个留学生正在买一辆自行车。

第六课 味道好极了!
Dì liù kè Wèidào hǎo jí le!

VOCABULARY

1.	香肠	xiāngcháng	名	sausage
2.	送	sòng	动	to give
3.	好像	hǎoxiàng	副	as if
4.	生	shēng	形	raw
5.	熟	shóu	形	cooked
6.	咸	xián	形	salty
7.	橙汁	chéngzhī	名	orange juice
8.	极	jí	副	extremely
9.	杯子	bēizi	名	cup
10.	直接	zhíjiē	副	directly
11.	桶	tǒng	名/量	big bottle; bucket; measure word
12.	饼干	bǐnggān	名	biscuit
13.	巧克力	qiǎokèlì	名	chocolate
14.	总是	zǒngshì	副	always
15.	咖啡	kāfēi	名	coffee
16.	面包	miànbāo	名	bread

走进中国：初级汉语口语　　MEETING CHINA: Elementary Spoken Chinese

17. 分享	fēnxiǎng	动	to share
18. 几乎	jīhū	副	almost
19. 身体	shēntǐ	名	body
20. 习惯	xíguàn	动	to get used to something
21. 白酒	báijiǔ	名	Chinese spirit
22. 受不了	shòubuliǎo		can not stand it
23. 年龄	niánlíng	名	age
24. 该	gāi	动	should

练一练　VOCABULARY EXERCISES

1. 词语扩展　Extension

　　橙　汁：_____汁　　_____汁　　_____汁　　_____汁
　　白　酒：_____酒　　_____酒　　_____酒　　_____酒

2. 你有哪些习惯？　What's your habit?

3. 早餐你喜欢吃什么？　What breakfast do you like?

关键句

BASIC SENTENCES

1. 能生吃吗？
2. 你想尝尝吗？
3. 味道好极了！
4. 你总是有好吃的东西。
5. 不能和你们分享，不好意思。

第六课 味道好极了！
Dì liù kè Wèidào hǎo jí le!

课文

TEXT

情节：课间休息，几个同学在教室聊天、吃东西。

马克：你在吃什么？香肠吗？
大卫：对，我的一个朋友送给我的！
明子：好像是生的，能生吃吗？
大卫：哪里，这是熟的。你想尝尝吗？
马克：（尝了一点儿）味道还不错，可是有点儿咸，我得喝口橙汁。（喝了一口）嗯，吃完香肠喝橙汁，味道好极了！
明子：你不用杯子，直接喝那么一大桶橙汁，每次看到你这样喝我都想笑。
马克：这样喝最好，一杯一杯地喝太麻烦了。
明子：你们尝尝我买的饼干，巧克力的。

1. 马克觉得香肠怎么样？
（味道 咸 喝 橙汁 完 极了）

2. 马克为什么不喜欢用杯子喝橙汁？
（杯 麻烦）

走进中国：初级汉语口语　　MEETING CHINA: Elementary Spoken Chinese

> 3. 大卫还带了什么吃的东西？他能和别人分享吗？为什么？
>
> 4. 马克吃早餐吗？为什么？
> （起不来　吃不下　习惯）
>
> 5. 马克喜欢喝白酒吗？为什么？

大卫：谢谢！你总是有好吃的东西。我还带了咖啡和面包，这是我的早餐，不能和你们分享，不好意思。

马克：我几乎不吃早餐，只喝这个橙汁。我每天都要买一桶。

明子：不吃早餐对身体不好吧？

马克：我也知道对身体不太好，不过我早上起不来，也吃不下，已经习惯了。中午我可以吃很多。

大卫：对了，你喝过白酒吗？

马克：我喝过白酒。不过白酒太辣了，我受不了。

明子：你年龄够吗？

马克：我来中国前刚刚过了生日。

明子：咱们吃午饭的时候再聊吧。该上课了！

(Qíngjié：Kèjiān xiūxi, jǐ ge tóngxué zài jiàoshì liáo tiān、chī dōngxi.)

Mǎkè: Nǐ zài chī shénme? Xiāngcháng ma?

Dàwèi: Duì, wǒ de yí ge péngyou sònggěi wǒ de!

Míngzǐ: Hǎoxiàng shì shēng de, néng shēng chī ma?

Dàwèi: Nǎli, zhè shì shóu de. Nǐ xiǎng chángchang ma?

Mǎkè: (Chángle yìdiǎnr) Wèidào hái búcuò, kěshì yǒudiǎnr xián, wǒ děi hēkǒu chéngzhī. (Hēle yì kǒu) èn, chīwán xiāngcháng hē chéngzhī, wèidào hǎo jí le!

Míngzǐ: Nǐ bú yòng bēizi, zhíjiē hē nàme yí dà tǒng chéngzhī,

第六课 Dì liù kè 味道好极了！Wèidào hǎo jí le!

měi cì kàndào nǐ zhèyàng hē wǒ dōu xiǎng xiào.

Mǎkè: Zhèyàng hē zuì hǎo, yì bēi yì bēi de hē tài máfan le.

Míngzǐ: Nǐmen chángchang wǒ mǎi de bǐnggān, qiǎokèlì de.

Dàwèi: Xièxie! Nǐ zǒngshì yǒu hǎochī de dōngxi. Wǒ hái dài le kāfēi hé miànbāo, zhè shì wǒ de zǎocān, bù néng hé nǐmen fēnxiǎng, bù hǎoyìsi.

Mǎkè: Wǒ jīhū bù chī zǎocān, zhǐ hē zhè ge chéngzhī. Wǒ měi tiān dōu yào mǎi yì tǒng.

Míngzǐ: Bù chī zǎocān duì shēntǐ bù hǎo ba?

Mǎkè: Wǒ yě zhīdao duì shēntǐ bú tài hǎo, búguò wǒ zǎoshang qǐbulái, yě chībuxià, yǐjīng xíguàn le. Zhōngwǔ wǒ kěyǐ chī hěn duō.

Dàwèi: Duì le, nǐ hēguo báijiǔ ma?

Mǎkè: Wǒ hēguo báijiǔ. Búguò báijiǔ tài là le, wǒ shòubuliǎo.

Míngzǐ: Nǐ niánlíng gòu ma?

Mǎkè: Wǒ lái Zhōngguó qián gānggāng guòle shēngrì.

Míngzǐ: Zánmen chī wǔfàn de shíhou zài liáo ba. Gāi shàng kè le!

SENTENCE PATTERNS

1. 哪里，这是熟的。

■ "哪里"这里表示否定。如：

"哪里" here means "no, or what you said is wrong." For instance:

(1) A：她是你的女朋友吧？

B：哪里，我们是同学。

（2）A：这辆自行车很贵吧？
　　B：哪里，只要一百块钱。

练一练　PATTERN EXERCISES

完成对话　Complete the following dialogues
　（1）A：这个饭馆儿的菜味道很好吧？
　　　B：哪里，_____。
　（2）A：你每天都喝咖啡吧？
　　　B：哪里，_____。
　（3）A：你喜欢喝大桶的橙汁吧？
　　　B：哪里，_____。
　（4）A：_____
　　　B：哪里，_____。

2. 该上课了！

■ "该……了"表示按照时间或常理应该这样。如：
The expression "该……了" means "it is time to do something" or "it's supposed to do something". For instance:

　（1）七点了，该起床了！
　（2）我该回家了。

练一练　PATTERN EXERCISES

用"该……了"造句　Make sentences with "该……了"
　（1）该_____了。
　（2）该_____了。
　（3）该_____了。
　（4）该_____了。

第六课 味道好极了！
Dì liù kè Wèidào hǎo jí le!

表达练习
EXPRESSIVE EXERCISES

1. 完成对话　Complete the following dialogue

A：你在吃什么？
B：_____。你想尝尝吗？
A：_____。
B：你觉得怎么样？好吃吗？
A：_____，可是_____。你在哪儿买的？
B：_____。

2. 模拟表演本课的会话　Perform the dialogue of this lesson

3. 情境会话　Situational dialogues
参考用语：Words for reference:

> 味道　生　熟　咸　香肠　饼干　巧克力　橙汁　面包　咖啡　桶
> 杯子　白酒　习惯　总是　受不了　能生吃吗？　你想尝尝吗？
> 味道好极了！　你总是有好吃的东西。不能和你们分享，不好意思。

你和同学商量（shāngliang, to discuss）去郊外（jiāowài, suburb）玩儿带什么吃的东西。

4. 成段表达　Express in paragraph
介绍一种你最喜欢的小吃。Introduce your favorite snack.

第七课 明天晚上你有空儿吗?
Dì qī kè Míngtiān wǎnshang nǐ yǒu kòngr ma?

VOCABULARY

1. 约	yuē	动	to invite
2. 巧	qiǎo	形	coincident
3. 安排	ānpái	名	arrangement
4. 定	dìng	动	to decide
5. 精彩	jīngcǎi	形	wonderful
6. 演出	yǎnchū	名/动	performance; perform
7. 宿舍	sùshè	名	dormitory
8. 门口	ménkǒu	名	doorway
9. 不见不散	bú jiàn bú sàn		not to leave without seeing the other
10. 电影	diànyǐng	名	movie; film
11. 迷	mí	名	fan
12. 得奖	dé jiǎng		to receive an award
13. 吹牛	chuī niú		boast; brag
14. 开玩笑	kāi wánxiào		to make fun of
15. 演	yǎn	动	to act

第七课 明天晚上你有空儿吗？
Dì qī kè Míngtiān wǎnshang nǐ yǒu kòngr ma?

16. 约会	yuēhuì	名	appointment; date
17. 来得及	láidejí		there's still time; be able to do sth. in time
18. 见面	jiàn miàn		to meet
19. 食堂	shítáng	名	eatery; refectory; dining hall
20. 忘	wàng	动	to forget

练一练 VOCABULARY EXERCISES

1. 词语扩展　Extension

电影迷：_____迷　　_____迷　　_____迷　　_____迷

食　堂：_____堂　　_____堂　　_____堂　　_____堂

2. 比一比：谁说出的中国电影的名字最多
Competition: Think of names of Chinese movies, as many as possible

3. 你知道哪位有名的演员？他/她演过什么电影？
Introduce famous movie stars and their movies

关键句

BASIC SENTENCES

1. 明天晚上你有空儿吗？
2. 怎么，有事儿吗？
3. 后天晚上行吗？
4. 你还有别的安排吗？
5. 我们在哪儿见面？

TEXT

情节：马克和明子在教室。

1. 马克和明子明天晚上一起去吃饭吗？
（约　巧　安排）

2. 他们为什么去那个东北饭馆儿吃饭？
（听说　从……到　精彩　演出）

马克：明子，明天晚上你有空儿吗？
明子：怎么，有事儿吗？
马克：我想约你吃晚饭。
明子：吃饭是好事，可是真不巧，我明天晚上有安排。后天晚上行吗？
马克：好，听你的。你喜欢吃什么？
明子：都行。你定吧。
马克：我们去学校附近的那个东北饭馆儿吧，听说那里每天晚上从7点到8点都有精彩的演出。
明子：好啊！
马克：后天晚上6点，我在你宿舍门口等你。

第七课 明天晚上你有空儿吗？
Dì qī kè Míngtiān wǎnshang nǐ yǒu kòngr ma?

明子：好，<u>不见不散</u>。
马克：不见不散。

> 情节：大朋和马克在篮球场。

大朋：马克，我有两张晚上 7 点的<u>电影票</u>，一起去吧。
马克：太好啦！我一定去。
大朋：你也不问什么电影就一定去？
马克：谁不知道我是个电影迷呀！那个电影叫什么名字？
大朋：《和你在一起》。
马克：我知道这个电影，是刚<u>得</u>了<u>奖</u>的。中国的电影我<u>差不多</u>都知道。
大朋：别<u>吹牛</u>了！
马克：<u>开玩笑</u>的。大概<u>演</u>多长时间？

3. 你能介绍一下这个电影吗？
（名字　得奖　差不多）

走进中国：初级汉语口语　MEETING CHINA: Elementary Spoken Chinese

> 4. 看完电影，马克还有什么事吗？
> （别的　安排　约会）

大朋：差不多两个小时。

马克：两个小时？

大朋：怎么，你还有别的安排吗？

马克：我10点有个约会。

大朋：没问题，来得及。

马克：我们在哪儿见面？

大朋：6点半在食堂门口见，别忘了。

马克：好，晚上见！

（Qíngjié：Mǎkè hé Míngzǐ zài jiàoshì.）

Mǎkè：Míngzǐ, míngtiān wǎnshang nǐ yǒu kòngr ma?

Míngzǐ：Zěnme, yǒu shìr ma?

Mǎkè：Wǒ xiǎng yuē nǐ chī wǎnfàn.

Míngzǐ：Chī fàn shì hǎo shì, kěshì zhēn bù qiǎo, wǒ míngtiān wǎnshang yǒu ānpái. Hòutiān wǎnshang xíng ma?

Mǎkè：Hǎo, tīng nǐ de. Nǐ xǐhuan chī shénme?

Míngzǐ：Dōu xíng. Nǐ dìng bā.

Mǎkè：Wǒmen qù xuéxiào fùjìn de nà ge Dōngběi fànguǎnr ba, tīngshuō nàli měi tiān wǎnshang cóng qī diǎn dào bā diǎn dōu yǒu jīngcǎi de yǎnchū.

Míngzǐ：Hǎo a!

Mǎkè：Hòutiān wǎnshang liù diǎn, wǒ zài nǐ sùshè ménkǒu děng nǐ.

Míngzǐ：Hǎo, bú jiàn bú sàn.

Mǎkè：Bú jiàn bú sàn.

（Qíngjié：Dàpéng hé Mǎkè zài lánqiúchǎng.）

Dàpéng：Mǎkè, wǒ yǒu liǎng zhāng wǎnshang qī diǎn de

第七课 明天晚上你有空儿吗？
Dì qī kè　Míngtiān wǎnshang nǐ yǒu kòngr ma?

Mǎkè： diànyǐngpiào, yìqǐ qù ba.

Mǎkè： Tài hǎo la! Wǒ yídìng qù.

Dàpéng： Nǐ yě bú wèn shénme diànyǐng jiù yídìng qù?

Mǎkè： Shuí bù zhīdào wǒ shìge diànyǐngmí ya! Nà ge diànyǐng jiào shénme míngzi?

Dàpéng：《Hé Nǐ Zài Yìqǐ》.

Mǎkè： Wǒ zhīdào zhè ge diànyǐng, shì gāng déle jiǎng de. Zhōngguó de diànyǐng wǒ chàbuduō dōu zhīdào.

Dàpéng： Bié chuī niú le!

Mǎkè： Kāi wánxiào de. Dàgài yǎn duō cháng shíjiān?

Dàpéng： Chàbuduō liǎng ge xiǎoshí.

Mǎkè： Liǎng ge xiǎoshí?

Dàpéng： Zěnme, nǐ hái yǒu biéde ānpái ma?

Mǎkè： Wǒ shí diǎn yǒuge yuēhuì.

Dàpéng： Méi wèntí, láidejí.

Mǎkè： Wǒmen zài nǎr jiàn miàn?

Dàpéng： Liù diǎn bàn zài shítáng ménkǒu jiàn, bié wàng le.

Mǎkè： Hǎo, wǎnshang jiàn!

SENTENCE PATTERNS

1. 怎么，有事儿吗？

■ "怎么"用于句首，后面稍作停顿，表示对某事感到奇怪或吃惊。如：

"怎么" is used at the head of a sentence with a slight pause following, expressing that one feels strange or surprised at something. For instance:

(1) 怎么，你不舒服吗？
(2) 怎么，你不上网了？

练一练　PATTERN EXERCISES

完成对话　Complete the following dialogues

(1) A：怎么，你们一起去打网球了？
　　B：_____。

(2) A：怎么，你喜欢吃辣的？
　　B：_____。

(3) A：怎么，你不和我去西安了？为什么？
　　B：_____。

(4) A：怎么，这件T恤的质量不好？
　　B：_____。

2. 谁不知道我是个电影迷呀！

■ 这是个反问句式。"谁不知道"表示谁都知道、没有人不知道。如：
It is a rhetorical sentence. "谁不知道" means everyone knows it, there's nobody who doesn't know it. For instance:

(1) 谁不知道长城啊！（人人都知道长城。）
(2) 谁不认识那个长头发男生啊！（没有人不认识那个长头发男生。）

练一练　PATTERN EXERCISES

完成对话　Complete the following dialogues

(1) A：他每天都去上网。
　　B：_____！

第七课 明天晚上你有空儿吗？
Dì qī kè Míngtiān wǎnshang nǐ yǒu kòngr ma?

（2）A：她每天中午十二点去食堂吃饭。
　　　B：＿＿＿＿＿＿＿＿＿＿＿＿＿＿＿＿＿＿＿！

（3）A：他每周打两次网球。
　　　B：＿＿＿＿＿＿＿＿＿＿＿＿＿＿＿＿＿＿＿！

（4）A：这个笔记本电脑很方便。
　　　B：＿＿＿＿＿＿＿＿＿＿＿＿＿＿＿＿＿＿＿！

表达练习
EXPRESSIVE EXERCISES

1. 用指定词语完成对话
Complete the following dialogues with the given words

（1）A：明天晚上你有空儿吗？
　　　B：（空儿）＿＿＿＿＿＿＿＿＿＿＿＿＿＿＿＿＿。

（2）A：大概演多长时间？
　　　B：（演）＿＿＿＿＿＿＿＿＿＿＿＿＿＿＿＿＿＿。

（3）A：这个星期天你有别的安排吗？
　　　B：（安排）＿＿＿＿＿＿＿＿＿＿＿＿＿＿＿＿。

（4）A：我们在哪儿见面？
　　　B：（见面）＿＿＿＿＿＿＿＿＿＿＿＿＿＿＿＿。

2. 情境会话　Situational dialogues
参考用语：Words for reference:

约　不见不散　约会　见面　差不多　你定吧　……行吗？
怎么，有事儿吗？　你还有别的安排吗？　我们在哪儿见面？

(1) 约朋友一起去长城。

(2) 约朋友一起去图书馆学习。

3. 成段表达　Express in paragraph

我喜欢的电影或者演员。My favorite movie or actor.

4. 角色扮演　Role play

请给下面几个电影画面配上台词。Match dialogues to the pictures.

第七课 明天晚上你有空儿吗？
Dì qī kè Míngtiān wǎnshang nǐ yǒu kòngr ma?

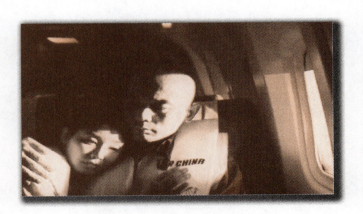

第八课 我这是无线上网
Dì bā kè Wǒ zhè shì wúxiàn shàng wǎng

VOCABULARY

1.	方便	fāngbiàn	形	convenient
2.	电脑	diànnǎo	名	computer
3.	存	cún	动	to save; to copy
4.	先睹为快	xiān dǔ wéi kuài		to be pleasant to have a look first
5.	效果	xiàoguǒ	名	effect
6.	笔记本电脑	bǐjìběn diànnǎo		laptop
7.	表情	biǎoqíng	名	expression
8.	逗	dòu	形	funny
9.	姿势	zīshì	名	pose
10.	明星	míngxīng	名	star
11.	云	yún	名	cloud
12.	清	qīng	形	clear
13.	五颜六色	wǔ yán liù sè		different colors
14.	不仅	bùjǐn	副	not only
15.	录像	lùxiàng	名	video

第八课 我这是无线上网
Dì bā kè   Wǒ zhè shì wúxiàn shàng wǎng

16. 硬盘	yìngpán	名	hard disk
17. U 盘	U pán	名	USB flash disk
18. 上网	shàng wǎng		to surf the internet
19. 网线	wǎngxiàn	名	network cable
20. 插	chā	动	to insert
21. 无线上网	wúxiàn shàng wǎng		wireless network
22. 续费	xù fèi		to pay again, to renew

练一练 VOCABULARY EXERCISES

1. 词语扩展   Extension

存照片：存_____   存_____   存_____   存_____

上　网：上_____   上_____   上_____   上_____

2. 你们国家是如何上网的？
How do you surf the internet in your country?

3. 你喜欢上网吗？为什么？   Do you like using the internet? Why?

关键句   BASIC SENTENCES

1. 明子，快进来坐。
2. 你现在方便吗？
3. 我想转存一下。
4. 怎么上不去网了？
5. 是不是该续费了？

课文

TEXT

情节：明子来到马克的房间。

1. 明子想干什么？
（存　上次　照片）

马克：明子，快进来坐。
明子：你现在<u>方便</u>吗？
马克：方便啊！
明子：他们说上次出去玩儿的照片都在你的<u>电脑</u>里。我想转<u>存</u>一下。
马克：没错儿，都在我这儿。你是第一个来转存照片的。
明子：我想<u>先睹为快</u>！照片照得怎么样？
马克：<u>效果</u>好极了！你看看就知道了。

情节：马克打开他的笔记本电脑，找出一些照片。

马克：你照得很漂亮！
明子：谢谢！大卫的<u>表情</u>真逗啊！你照相

第八课 我这是无线上网
Dì bā kè　Wǒ zhè shì wúxiàn shàng wǎng

的姿势像个电影明星。

马克：很帅吧？

明子：这个地方的风景太美了！蓝蓝的天，白白的云，清清的水，绿绿的山，还有五颜六色的花。

马克：我这儿不仅有照片，还有咱们出去玩儿的录像呢。

明子：太好啦！那就都存下来吧。

马克：你带硬盘了吗？

明子：没有，我只带了U盘。

马克：多大的？

明子：1G的。

马克：你的U盘太小了，存不下。

明子：那怎么办？

马克：没关系，我把照片和录像放到我的MSN上吧。（马克正在打开MSN）怎么上不去网了？

明子：网线没插好吧？

马克：怎么可能呢？我这是无线上网。

明子：是不是该续费了？

马克：我看看。唉呀，忘了续费了！

2. 明子觉得那个地方的风景怎么样？
（天　云　水　山　花）

3. 明子的U盘为什么不能用？

4. 马克的笔记本电脑怎么了？
（上网　续费）

(Qíngjié: Míngzǐ láidào Mǎkè de fángjiān.)

Mǎkè： Míngzǐ, kuài jìnlai zuò.

Míngzǐ： Nǐ xiànzài fāngbiàn ma?

Mǎkè： Fāngbiàn a!

Míngzǐ： Tāmen shuō shàngcì chūqu wánr de zhàopiàn dōu zài

nǐ de diànnǎo li. Wǒ xiǎng zhuǎn cún yíxià.

Mǎkè: Méi cuòr, dōu zài wǒ zhèr. Nǐ shì dì yī ge lái zhuǎn cún zhàopiàn de.

Míngzǐ: Wǒ xiǎng xiān dǔ wéi kuài! Zhàopiàn zhào de zěnmeyàng?

Mǎkè: Xiàoguǒ hǎo jí le! Nǐ kànkan jiù zhīdào le.

(Qíngjié: Mǎkè dǎkāi tā de bǐjìběn diànnǎo, zhǎochū yìxiē zhàopiàn.)

Mǎkè: Nǐ zhào de hěn piàoliang!

Míngzǐ: Xièxie! Dàwèi de biǎoqíng zhēn dòu a! Nǐ zhào xiàng de zīshì xiàngge diànyǐng míngxīng.

Mǎkè: Hěn shuài ba?

Míngzǐ: Zhè ge dìfang de fēngjǐng tài měi le! Lánlán de tiān, báibái de yún, qīngqīng de shuǐ, lǜlǜ de shān, hái yǒu wǔ yán liù sè de huā.

Mǎkè: Wǒ zhèr bùjǐn yǒu zhàopiàn, hái yǒu zánmen chūqu wánr de lùxiàng ne.

Míngzǐ: Tài hǎo la! Nà jiù dōu cún xialai ba.

Mǎkè: Nǐ dài yìngpán le ma?

Míngzǐ: Méiyǒu, wǒ zhǐ dàile U pán.

Mǎkè: Duō dà de?

Míngzǐ: Yī G de.

Mǎkè: Nǐ de U pán tài xiǎo le, cúnbuxià.

Míngzǐ: Nà zěnmebàn?

Mǎkè: Méi guānxi, wǒ bǎ zhàopiàn hé lùxiàng fàngdào wǒ de MSN shang ba. (Mǎkè zhèngzài dǎkāi MSN) Zěnme shàngbuqù wǎng le?

Míngzǐ: Wǎngxiàn méi chāhǎo ba?

Mǎkè: Zěnme kěnéng ne? wǒ zhè shì wúxiàn shàng wǎng.

第八课 我这是无线上网
Dì bā kè Wǒ zhè shì wúxiàn shàng wǎng

Míngzǐ：Shì bu shì gāi xù fèi le?

Mǎkè：Wǒ kànkan. Āiya, wàngle xù fèi le!

常用句式 SENTENCE PATTERNS

1. 没错儿，都在我这儿。

■ "没错儿"，口语常用语，表示肯定对方所说的是那么回事，和实际情况一样，或者同意别人的某种看法。如：
"没错儿"（"that's it"）is a colloquial expression to confirm that what the other party said is consistent with the actual situation, or to show agreement on another person's ideas. For instance:

(1) A：昨天你们是坐地铁去购物中心的，对吧？
　　 B：没错儿。
(2) A：我想网上一定能搜到那首歌。
　　 B：没错儿。

练一练 PATTERN EXERCISES

完成句子 Complete the following sentences

(1) A：他就是那个美国男孩儿？
　　 B：_____。
(2) A：你想坐出租车去火车站吗？
　　 B：_____。
(3) A：_____？
　　 B：没错儿。
(4) A：_____？
　　 B：没错儿。

2. 怎么可能呢？

■ 反问句，意思是"不可能"，对某事的可能性表示怀疑。如：
A rhetorical question, which means "不可能" (impossible), indicating doubt of the possibility. For instance:

(1) A：她忘做作业了。
    B：怎么可能呢？
(2) A：他昨天没上课。
    B：怎么可能呢？

练一练 PATTERN EXERCISES

完成句子 Complete the following sentences

(1) A：学校不能上网了。
    B：＿＿＿＿＿＿＿＿＿＿＿＿＿？
(2) A：北京不堵车。
    B：＿＿＿＿＿＿＿＿＿＿＿＿＿？
(3) A：＿＿＿＿＿＿＿＿＿＿＿＿＿。
    B：怎么可能呢？
(4) A：＿＿＿＿＿＿＿＿＿＿＿＿＿。
    B：怎么可能呢？

表达练习 EXPRESSIVE EXERCISES

1. 仿照例句，先替换画线的词语，然后将句子补充完整
   Subsititute the underlined words first, then complete the sentences as the examples

第八课 我这是无线上网
Dì bā kè　Wǒ zhè shì wúxiàn shàng wǎng

(1) 你是第一个<u>来存照片</u>的。→ 他们说你是第一个来存照片的。

　　到教室　　·＿＿＿＿＿＿＿＿到教室的。
　　买笔记本电脑　·＿＿＿＿＿＿＿＿买笔记本电脑的。
　　得奖　　　·＿＿＿＿＿＿＿＿得奖的。

(2) 我只带了<u>U 盘</u>。→ 我没带别的，只带了 U 盘。

　　三本书　　·我＿＿＿＿＿＿＿，只带了三本书。
　　一个朋友　·我＿＿＿＿＿＿＿，只带了一个朋友。
　　一个网球　·我＿＿＿＿＿＿＿，只带了一个网球。

(3) 是不是该<u>续费</u>了？→ 不能上网了，是不是该续费了？

　　下课　·＿＿＿＿＿＿＿＿，是不是该下课了？
　　吃饭　·＿＿＿＿＿＿＿＿，是不是该吃饭了？
　　休息　·＿＿＿＿＿＿＿＿，是不是该休息了？

2. 模拟表演本课的会话　Perform the dialogue of this lesson

3. 情境会话　Situational dialogues
　　参考用语：Words for reference:

　　上网　插　不仅　存　网线　无线上网　续费　忘　快进来坐
　　怎么可能呢？　怎么上不去网了？　没错儿　你现在方便吗？

(1) 你向别人借 U 盘。
(2) 你想存一下老师上课讲的内容（nèiróng, content）。

4. 成段表达　Express in paragraph
　　向大家介绍一个你喜欢的网站（wǎngzhàn, website）。
　　Introduce one of your favorite website.

第九课　你 哪儿 不 舒服？
Dì jiǔ kè　Nǐ nǎr bù shūfu?

VOCABULARY

1. 请假	qǐng jià		to ask for a leave
2. 头	tóu	名	head
3. 疼	téng	形	painful
4. 嗓子	sǎngzi	名	throat
5. 感冒	gǎnmào	名	cold
6. 医院	yīyuàn	名	hospital
7. 休息	xiūxi	动	to take a rest
8. 厉害	lìhai	形	severe
9. 全身	quánshēn	名	whole body
10. 劲儿	jìnr	名	strength; energy
11. 张开	zhāngkāi	动	to puff; to splay
12. 发炎	fāyán	动	to inflame
13. 量	liáng	动	to measure
14. 体温	tǐwēn	名	(body) temperature
15. 发烧	fā shāo		to have a fever
16. 打针	dǎ zhēn		to take an injection

第九课 你哪儿不舒服？
Dì jiǔ kè Nǐ nǎr bù shūfu?

17. 药	yào	名	medicine
18. 交费	jiāo fèi		to pay
19. 拿	ná	动	to get
20. 片儿	piànr	量	pill

练一练 VOCABULARY EXERCISES

1. 用本课生词完成句子

   Complete the following sentences with the vocabulary of this lesson

   （1）明天你不去上课，应该先跟老师（　　　）。
   （2）他感冒了，要回宿舍（　　　）。
   （3）我很不舒服，头疼得（　　　）。
   （4）我的（　　　）有点高，可能发烧了。
   （5）我的嗓子（　　　）了。

2. 比一比：谁知道的身体部位的名称多

   Competition: Think of names of body parts, as many as possible

BASIC SENTENCES

1. 我有点儿不舒服，可以请假吗？
2. 你哪儿不舒服？
3. 量一下体温吧。
4. 要打针吗？
5. 这药怎么吃？

课文 TEXT

情节：课间。

明子：老师，我有点儿不舒服，可以请假吗？
老师：可以。你怎么了？
明子：我头疼，嗓子也疼。
老师：最近感冒的人比较多，去医院看看吧。
明子：我想先回宿舍好好儿休息休息，如果不好，再去医院看一下。
老师：好的，你回去吧。

1. 明子怎么了？
（舒服 头 嗓子 疼）

2. 明子想去医院吗？
（宿舍 好好儿 休息 如果 再 医院）

情节：明子在医院看病。

医生：你哪儿不舒服？
明子：我头疼得厉害，全身没劲儿，嗓子也不舒服。

第九课 你哪儿不舒服？
Dì jiǔ kè　Nǐ nǎr bù shūfu?

医生：什么时候开始的？
明子：从前天开始头疼的，一会儿疼，一会儿不疼。
医生：最近感冒的人很多。来，张开嘴。说"啊——"。嗓子发炎了。量一下体温吧。

3. 明子觉得哪儿不舒服？
（厉害　没劲儿　嗓子）

情节：量完体温。

医生：有点儿发烧。
明子：要打针吗？
医生：不用，吃点儿药就行。（开药）好了。先交费，然后去拿药。

4. 医生说明子怎么了？

情节：在药房拿药。

明子：请问，这药怎么吃？
医生：这里写着：每天两次，一次四片儿。
明子：知道了，谢谢！

5. 医生说这药怎么吃？
（次　片儿）

(Qíngjié：Kèjiān.)

Míngzǐ：Lǎoshī, wǒ yǒudiǎnr bù shūfu, kěyǐ qǐng jià ma?
Lǎoshī：Kěyǐ. Nǐ zěnme le?
Míngzǐ：Wǒ tóu téng, sǎngzi yě téng.
Lǎoshī：Zuìjìn gǎnmào de rén bǐjiào duō, qù yīyuàn kànkan ba.
Míngzǐ：Wǒ xiǎng xiān huí sùshè hǎohāor xiūxi xiūxi, rúguǒ bù hǎo, zài qù yīyuàn kàn yíxià.
Lǎoshī：Hǎo de, nǐ huíqu ba.

(Qíngjié：Míngzǐ zài yīyuàn kàn bìng.)

Yīshēng: Nǐ nǎr bù shūfu?

Míngzǐ: Wǒ tóu téng de lìhai, quánshēn méi jìnr, sǎngzi yě bù shūfu.

Yīshēng: Shénme shíhou kāishǐ de?

Míngzǐ: Cóng qiántiān kāishǐ tóu téng de, yíhuìr téng, yíhuìr bù téng.

Yīshēng: Zuìjìn gǎnmào de rén hěn duō. Lái, zhāngkāi zuǐ. Shuō "ā——". Sǎngzi fāyán le. Liáng yíxià tǐwēn ba.

(Qíngjié：Liàngwán tǐwēn.)

Yīshēng: Yǒudiǎnr fā shāo.

Míngzǐ: Yào dǎ zhēn ma?

Yīshēng: Búyòng, chīdiǎnr yào jiù xíng. (Kāi yào) Hǎo le. Xiān jiāo fèi, ránhòu qù ná yào.

(Qíngjié：Zài yàofáng ná yào.)

Míngzǐ: Qǐngwèn, zhè yào zěnme chī?

Yīshēng: Zhèli xiězhe：měi tiān liǎng cì, yí cì sì piànr.

Míngzǐ: Zhīdào le, xièxie!

SENTENCE PATTERNS

1. 好好儿休息休息

■ "好好儿"后面接动词，表示尽力地、认真地或尽情地做某事。如：
"好好儿" is usually used before a verb, which means do something conscientiously, seriously or heartily. For instance:

（1）好好儿准备考试。
（2）好好儿出去玩儿几天。

练一练 PATTERN EXERCISES

读短语，然后用它们各说一句话或做一个对话
Read the phrases and then use each of them to make sentences or dialogues

（1）好好儿学习
（2）好好儿看书
（3）没好好儿做作业
（4）没好好儿睡觉

2. 我头疼得厉害

■ "厉害"在"得"后做程度补语，表示已经达到难以应付或无法忍受的程度。如：
The "厉害" after "得" acts as a degree predicate expressing that something has already reached a level that is difficult to deal with or impossible to endure. For instance:

（1）最近他忙得厉害。
（2）他的嗓子疼得厉害。

■ "厉害"在口语中也常用来赞扬人表现突出、不一般。如：
In colloquial speech "厉害" is often used to praise a person whose behavior is outstanding or unique. For instance:

（3）她真厉害，会说五种语言。
（4）他真厉害，什么都知道。

■ "厉害"还表示"态度严厉"甚至"太过分了"等意思。如：
In addition, "厉害" also has meanings as "intense（attitude）" or even "（too）extremely intense". For instance:

（5）我的妈妈很厉害。
（6）那个老师太厉害了，学生都怕他。

练一练 PATTERN EXERCISES

读短语，然后用它们各说一句话或做一个对话
Read the phrases and then use each of them to make sentences or dialogues

（1）饿得厉害
（2）酸得厉害
（3）甜得厉害
（4）瘦得厉害

EXPRESSIVE EXERCISES

1. 仿照例子，分小组用加点的词语对话
Follow the examples and use the dotted words to complete the dialogues in pairs

（1）A：我有点儿不舒服，可以请假吗？
　　B：可以。
（2）A：你哪儿不舒服？
　　B：我头疼得厉害，嗓子也不舒服。
（3）A：什么时候开始的？
　　B：从前天开始头疼的，一会儿疼，一会儿不疼。

（4） A：要打针吗？
　　 B：不用，吃药就行。
（5） A：这药怎么吃？
　　 B：每天两次，一次四片儿。

2. 角色扮演：三个人一组，分别扮演老师、明子和医生，表演课文，然后第四个人用自己的话说明发生了什么事
Role play: Four students a group, three of them play the roles of teacher, Mingzi and doctor, and perform the dialogue of lesson 9, and then the fourth person reports what happened in his/her own words

3. 情境会话　Situational dialogues
参考用语：Words for reference:

> 头　疼　嗓子　休息　厉害　医院　全身　劲儿　交费
> 我有点儿不舒服，可以请假吗？　你哪儿不舒服？
> 量一下体温吧。　要打针吗？　这药怎么吃？

（1）你感冒了，一个星期都没好。你和医生说说自己哪里不舒服。医生检查（jiǎnchá, to exam）、开药，然后告诉你怎么办。
（2）一个人发烧了，朋友来看他，问他为什么会发烧，现在身体怎么样，让他好好休息。

4. 成段表达　Express in paragraph
　　有一次我感冒了（头疼／嗓子发炎／发烧／全身没劲儿）……

第十课 你有什么爱好?
Dì shí kè　Nǐ yǒu shénme àihào?

VOCABULARY

1.	周末	zhōumò	名	weekend
2.	旅游	lǚyóu	动	to tour
3.	考试	kǎoshì	名	exam; test
4.	熬夜	áo yè		to stay up all night
5.	复习	fùxí	动	to review
6.	懒	lǎn	形	lazy
7.	办法	bànfǎ	名	way; means; measure
8.	看	kān	动	to look after
9.	活动	huódòng	名	activity
10.	游泳	yóu yǒng		to swim
11.	瑜珈	yújiā	名	yoga
12.	爬山	pá shān		to climb mountains
13.	逛	guàng	动	to stroll; to ramble
14.	街	jiē	名	street
15.	郊外	jiāowài	名	environs
16.	老年人	lǎoniánrén	名	old folks

76

第十课 你有什么爱好？ Dì shí kè Nǐ yǒu shénme àihào?

17. 太极拳	tàijíquán	名	shadowboxing
18. 扇子	shànzi	名	fan
19. 扭秧歌	niǔ yāngge		to dance the yangko
20. 爱好	àihào	名/动	hobby; interest; to like
21. 羽毛球	yǔmáoqiú	名	badminton
22. 唱歌	chàng gē		to sing
23. 改天	gǎitiān	副	to change the date

专有名词

| 大同 | Dàtóng | 名 | Datong（a city in Shanxi province） |

练一练 VOCABULARY EXERCISES

1. 词语扩展　Extension

羽毛球：_____球　　_____球　　_____球　　_____球

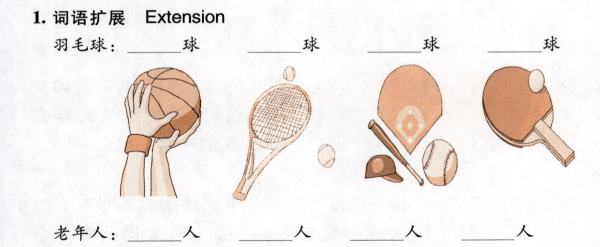

老年人：_____人　　_____人　　_____人　　_____人

2. 你有什么爱好？　What's your hobby?

3. 你有什么学习汉语的好办法吗？
What's your good methods of studying Chinese?

走进中国：初级汉语口语　　MEETING CHINA: Elementary Spoken Chinese

关键句　BASIC SENTENCES

1. 这个周末你们怎么安排的？
2. 你和我们一起去吧。
3. 没办法。
4. 每到周末人们都安排很多活动。
5. 你有什么爱好？

课文　TEXT

情节：大朋、马克和明子在酒吧聊天。

1. 马克和明子这个周末怎么安排的？ （旅游　周五　火车）	大朋：马克，这个周末你们怎么安排的？ 马克：我们去旅游，周五晚上坐火车去大同。你和我们一起去吧。 大朋：我不去了。 明子：为什么？你有别的安排了吗？ 大朋：不是我不想去，而是周一有一个考试。
2. 大朋想和他们一起去旅游吗？为什么？ （不是……而是　考试）	马克：你又要熬夜了吧？ 大朋：是啊，要复习的东西太多了。 明子：你很喜欢晚上学习吗？ 大朋：没办法。我不能早起学习，就只

第十课 你有什么爱好？
Nǐ yǒu shénme àihào?

能晚睡了。
明子：我听说中国人周末的时候都喜欢在家里，洗衣啦、做饭啦、看孩子啦……
大朋：这是很久以前的事儿了。现在，每到周末人们都安排很多活动。比如打球、游泳、做瑜珈、爬山；看电影；逛街；还有去郊外玩儿的……
明子：我也喜欢做瑜伽。
马克：那老年人呢？
大朋：跳舞、打太极拳的都有。昨天我们在公园看见的那些老年人，手里都拿着扇子，他们就是在扭秧歌的。

3. 他们昨天在公园看见什么了？
（老年人　扇子　扭秧歌）

走进中国：初级汉语口语　MEETING CHINA: Elementary Spoken Chinese

> 4. 请介绍一下明子和大朋的爱好。

明子：你有什么<u>爱好</u>？
大朋：<u>打羽毛球</u>和<u>唱歌</u>。
马克：那<u>改天</u>我们一起去KTV吧。

(Qíngjié：Dàpéng、Mǎkè hé Míngzǐ zài jiǔbā liáo tiān.)

Dàpéng：Mǎkè, zhè ge zhōumò nǐmen zěnme ānpái de?

Mǎkè：Wǒmen qù lǚyóu, zhōuwǔ wǎnshang zuò huǒchē qù Dàtóng. Nǐ hé wǒmen yìqǐ qù ba.

Dàpéng：Wǒ bú qù le.

Míngzǐ：Wèi shénme? Nǐ yǒu bié de ānpái le ma?

Dàpéng：Bú shì wǒ bù xiǎng qù, érshì zhōuyī yǒu yí ge kǎoshì.

Mǎkè：Nǐ yòu yào áo yè le ba?

Dàpéng：Shì a, yào fùxí de dōngxi tài duō le.

Míngzǐ：Nǐ hěn xǐhuan wǎnshang xuéxí ma?

Dàpéng：Méi bànfǎ. Wǒ bù néng zǎo qǐ xuéxí, jiù zhǐ néng wǎn shuì le.

Míngzǐ：Wǒ tīngshuō Zhōngguórén zhōumò de shíhou dōu xǐhuan zài jiā li, xǐ yī la、zuò fàn la、kān háizi la……

Dàpéng：Zhè shì hěn jiǔ yǐqián de shìr le. Xiànzài, měi dào zhōumò rénmen dōu ānpái hěn duō huódòng. Bǐrú dǎ qiú、yóu yǒng、zuò yújiā、pá shān；kàn diànyǐng；guàng jiē；háiyǒu qù jiāowài wánr de……

Míngzǐ：Wǒ yě xǐhuan zuò yújiā.

Mǎkè：Nà lǎoniánrén ne?

Dàpéng：Tiào wǔ、dǎ tàijíquán de dōu yǒu. Zuótiān wǒmen zài gōngyuán kànjiàn de nàxiē lǎoniánrén, shǒu li dōu názhe shànzi, tāmen jiù shì zài niǔ yāngge de.

第十课 你有什么爱好?
Dì shí kè Nǐ yǒu shénme àihào?

Míngzǐ: Nǐ yǒu shénme àihào?
Dàpéng: Dǎ yǔmáoqiú hé chàng gē.
Mǎkè: Nà gǎitiān wǒmen yìqǐ qù KTV ba.

SENTENCE PATTERNS

1. 不是我不想去，而是周一有一个考试。

■ "不是……，（而）是……"，前后两个部分，前一部分是否定，后一部分是肯定，用于对比说明一件事或一件事的两个方面，强调后面肯定的部分。如：

The structure "不是……，（而）是……" is used to explain a certain situation or both sides of the situation. It has two parts: the first part is negative; the second part is affirmative. And the second part is always the kernel of the sentence. For instance:

(1) A: 明天你不去爬山吗?
    B: 不是我不想去，（而）是我的女朋友不想去。
(2) A: 你为什么不帮我?
    B: 不是我不帮你，（而）是我真的不知道怎么做。

练一练 PATTERN EXERCISES

完成对话 Complete the following dialogues
(1) A: 这件衣服太小吗?
    B: 不是_____，而是我的个子太高。
(2) A: 这个礼物 (lǐwù, gift) 是给他的吗?
    B: 不是给他的，而是_____。

（3）A：你不喜欢这个笔记本电脑吗？
　　B：不是＿＿＿＿＿＿，而是＿＿＿＿＿＿。
（4）A：你为什么不唱歌？
　　B：不是＿＿＿＿＿＿，而是＿＿＿＿＿＿。

2. 洗衣啦、做饭啦、看孩子啦……

■ "啦"用在列举的成分后面，可以列举多项成分。如：
The word "啦" is used after the listing elements, and the list could be many items. For instance:

（1）A：周末你经常干什么？
　　B：锻炼身体啦，看电影啦，去酒吧啦，我都喜欢。
（2）A：你喜欢穿什么颜色的衣服？
　　B：白色啦，浅黄色啦，浅绿色啦。

练一练　PATTERN EXERCISES

完成对话　Complete the following dialogues

（1）A：晚上你经常做什么？
　　B：＿＿＿＿＿＿＿＿＿＿＿＿＿＿＿＿＿＿。
（2）A：你去过中国的哪些地方？
　　B：＿＿＿＿＿＿＿＿＿＿＿＿＿＿＿＿＿＿。
（3）A：你知道哪些中国菜的名字？
　　B：＿＿＿＿＿＿＿＿＿＿＿＿＿＿＿＿＿＿。
（4）A：＿＿＿＿＿＿＿＿＿＿＿＿＿＿＿＿＿？
　　B：＿＿＿＿＿＿＿＿＿＿＿＿＿＿＿＿＿＿。

第十课 你有什么爱好?
Dì shí kè Nǐ yǒu shénme àihào?

EXPRESSIVE EXERCISES

1. 仿照例句,分小组用加点的词语对话
Follow the examples and use the dotted words to make new dialogues in pairs

(1) A:你又要熬夜了吧?
　　B:是啊,没办法。

(2) A:我听说中国人周末的时候都在家里,洗衣啦、做饭啦、看孩子啦……
　　B:这是很久以前的事儿了。

(3) A:周末的时候,你经常做什么?
　　B:我常常打球,网球、乒乓球,还有羽毛球。

(4) A:老年人有什么活动?
　　B:扭秧歌、打太极拳的都有。

(5) A:我的爱好是唱歌。
　　B:好啊,改天我们一起去唱歌吧!

2. 两人一组,互相问答 Ask and answer in pairs
参考用语:Words for reference:

| 旅游　安排　活动　锻炼身体　游泳　爬山　打羽毛球 |
| 逛街　唱歌　郊外　老年人　……啦 |

(1) 周末或者假期,你会安排哪些活动?
(2) 你们国家的人有哪些爱好?和中国人有哪些不一样?

83

3. 情境会话　Situational dialogues

参考用语：Words for reference:

这个周末你怎么安排的？　你和我们一起去吧。　没办法。
你有什么爱好？　不是……，而是……

(1) 你邀请（yāoqǐng, to invite）一个朋友和你一起去旅游。
(2) 你坐火车去旅游，和中国人在火车上聊天。

4. 听与读　Listen and read

Hǎo yǔ zhī shíjié,
好　雨　知　时节，
Dāng chūn nǎi fāshēng.
当　春　乃　发生。
Suí fēng qián rù yè,
随　风　潜　入夜，
Rùn wù xì wú shēng.
润　物　细　无　声。

第十一课 你想表演什么节目?
Dì shí yī kè　Nǐ xiǎng biǎoyǎn shénme jiémù?

VOCABULARY

1.	结束	jiéshù	动	to end; to finish
2.	节目	jiémù	名	program
3.	告别	gàobié	动	to say goodbye
4.	宴会	yànhuì	名	banquet
5.	表演	biǎoyǎn	动	to perform
6.	选	xuǎn	动	to choose
7.	主意	zhúyi	名	idea
8.	风格	fēnggé	名	style
9.	说唱	shuōchàng	名	rap
10.	歌词	gēcí	名	lyrics
11.	记住	jìzhù	动	to remember
12.	温柔	wēnróu	形	gentle; soft
13.	民歌	míngē	名	folk song
14.	好听	hǎotīng	形	good listening
15.	经典	jīngdiǎn	形	classical
16.	歌名	gēmíng	名	song title

85

17. 保密	bǎo mì		to keep a secret
18. 有名	yǒumíng	形	famous
19. 歌手	gēshǒu	名	singer
20. 打	dǎ	动	to print

练一练 VOCABULARY EXERCISES

1. 你喜欢什么风格的歌？ What type of music do you like?

2. 比一比：谁知道的中国歌名和歌手最多
Competition: Think of names of Chinese songs and singers, as many as possible.

关键句 BASIC SENTENCES

1. 你想表演什么节目？
2. 你帮我们出个主意吧。
3. 你们喜欢什么风格的？
4. 歌名叫什么？
5. 是谁唱的？

课文

TEXT

情节：明子、马克和大朋在一起聊天。

明子：大朋，我们的短期班马上就要<u>结束</u>了。我们要准备一个<u>节目</u>，在<u>告别宴会</u>上表演。

大朋：好啊，你想表演什么节目？

明子：我想和马克一起唱个歌，可是我们还没<u>选</u>好唱什么歌。

马克：你帮我们出个<u>主意</u>吧。

大朋：你们喜欢什么<u>风格</u>的？

马克：我喜欢<u>说唱</u>的。可是老师说得唱中国歌。我连一个中国的说唱歌也不会。<u>歌词</u>又长又难，我<u>记不住</u>。

明子：我喜欢<u>慢</u>一点儿、<u>温柔</u>一点儿的，有中国<u>特色</u>的。

1. 明子和马克要在哪儿表演节目？

2. 说说明子和马克都喜欢什么风格的中国歌
（说唱　慢　温柔　特色）

走进中国：初级汉语口语　MEETING CHINA: Elementary Spoken Chinese

> 3. 大朋想教他们唱什么歌？为什么教这首歌？
> （民歌　经典　男女老少）
>
> 4. 大朋为什么没告诉他们歌和歌手的名字？

马克：我快的慢的都行，最好是中国人都知道的。

大朋：你们唱一首<u>民歌</u>吧，民歌最有<u>特色</u>。

明子：好主意！那你教我们唱一首最<u>好听</u>的民歌吧。

大朋：没问题。我教你们唱一首<u>经典</u>的，男女老少都会唱的民歌。

马克：<u>歌名</u>叫什么？

大朋：现在<u>保密</u>。

明子：是谁唱的？

大朋：很<u>有名</u>的<u>歌手</u>。

马克：<u>歌词</u>是什么？难吗？

大朋：难不难，你们看看就知道了。我给你们<u>打</u>出来。

(Qíngjié：Míngzǐ、Mǎkè hé Dàpéng zài yìqǐ liáo tiān.)

Míngzǐ：Dàpéng, wǒmen de duǎnqībān mǎshàng jiùyào jiéshù le. Wǒmen yào zhǔnbèi yí ge jiémù, zài gàobié yànhuì shang biǎoyǎn.

Dàpéng：Hǎo a, nǐ xiǎng biǎoyǎn shénme jiémù?

Míngzǐ：Wǒ xiǎng hé Mǎkè yìqǐ chàngge gē, kěshì wǒmen hái méi xuǎnhǎo chàng shénme gē.

Mǎkè：Nǐ bāng wǒmen chūge zhúyi ba.

Dàpéng：Nǐmen xǐhuan shénme fēnggé de?

Mǎkè：Wǒ xǐhuan shuōchàng de. Kěshì lǎoshī shuō děi chàng Zhōngguógē. Wǒ lián yí ge Zhōngguó de shuōchàng gē yě bú huì. Gēcí yòu cháng yòu nán, wǒ jìbuzhù.

Míngzǐ: Wǒ xǐhuan màn yìdiǎnr、wēnróu yìdiǎnr de, yǒu Zhōngguó tèsè de.

Mǎkè: Wǒ kuài de màn de dōu xíng, zuìhǎo shì Zhōngguórén dōu zhīdào de.

Dàpéng: Nǐmen chàng yì shǒu míngē ba, míngē zuì yǒu tèsè.

Míngzǐ: Hǎo zhúyi! Nà nǐ jiāo wǒmen chàng yì shǒu zuì hǎotīng de míngē ba.

Dàpéng: Méi wèntí. Wǒ jiāo nǐmen chàng yì shǒu jīngdiǎn de, nánnǚ lǎoshào dōu huì chàng de míngē.

Mǎkè: Gēmíng jiào shénme?

Dàpéng: Xiànzài bǎo mì.

Míngzǐ: Shì shuí chàng de?

Dàpéng: Hěn yǒumíng de gēshǒu.

Mǎkè: Gēcí shì shénme? Nán ma?

Dàpéng: Nán bù nán, nǐmen kànkan jiù zhīdào le. Wǒ gěi nǐmen dǎ chulai.

SENTENCE PATTERNS

1. 我连一个中国的说唱歌也不会。

■ "连……也……"表示强调。比如：
The structure "连……也……" is used to emphasize. For instance:

（1）连小孩儿也知道怎么说。
（2）我连长城也没去过。

练一练　PATTERN EXERCISES

完成句子　Complete the following sentences

(1) 他连_____也不会说。
(2) 连老师也_____。
(3) 我连_____也不想吃。
(4) _____连_____也_____。

2. 歌词又长又难，我记不住。

■ "又……又……"表示几个动作、状态、情况同时发生或存在。比如：

The structure "又……又……" means that several actions, states or situations occur or exist at the same time. For instance:

(1) 晚会上大家又唱又跳，高兴极了。
(2) 在这儿上网，又快又便宜。
(3) 她又会唱歌又会跳舞。

练一练　PATTERN EXERCISES

完成对话　Complete the following dialogues

(1) A：你喜欢什么样的苹果？
　　B：_____。
(2) A：你想买什么样的衣服？
　　B：_____。
(3) A：你喜欢吃什么菜？
　　B：_____。
(4) A：你喜欢听什么风格的歌？
　　B：_____。

第十一课 你想表演什么节目？
Dì shí yī kè   Nǐ xiǎng biǎoyǎn shénme jiémù?

EXPRESSIVE EXERCISES

1. 仿照例句，先替换画线的词语，然后将句子补充完整
Subsititute the underlined words first, then complete the sentences as the examples

（1）我们要准备<u>一个节目</u>。→短期班就要结束了，所以我们要准备一个节目。

报告
考试
演出

· _____，我们要准备报告。

· 我们要准备考试，_____。

· _____，我们要准备演出。

（2）我教你们<u>唱一首经典的</u>。→你们要在告别宴会上唱歌，我教你们唱一首经典的。

做饺子
做瑜珈
游泳

· _____，我教你们做饺子。

· _____，我教你们做瑜珈。

· _____，我教你们游泳。

2. 复述课文　Retell the text in the way of narration

马克和明子要在告别宴会上表演一个节目，……

3. 情境会话　Situational dialogues

参考用语：Words for reference:

结束　选　温柔　经典　有名　歌手　好听　告别　宴会　表演
你喜欢什么风格的歌？　歌名叫什么？　是谁唱的？

（1）请别人教你唱一首中国歌。
（2）和同学们讨论告别宴会上的节目。

4. 教其他同学唱一首中国歌
　　Teach other students to sing a Chinese song

第十二课 这么 快 就要 告别 了!
Dì shí'èr kè Zhème kuài jiùyào gàobié le!

VOCABULARY

1. 参加	cānjiā	动	to join; to attend
2. 生活	shēnghuó	名/动	life; to live
3. 开心	kāixīn	形	happy
4. 不一样	bù yíyàng		different
5. 各	gè	副/代	every
6. 特点	tèdiǎn	名	characteristic; special feature
7. 小吃	xiǎochī	名	snack
8. 进步	jìnbù	形/名	to progress; improvement
9. 感谢	gǎnxiè	动	to thank
10. 帮助	bāngzhù	动/名	to help; help
11. 主要	zhǔyào	形	main
12. 努力	nǔlì	形	to try hard; to work hard
13. 毕业	bì yè		to graduate
14. 工作	gōngzuò	动	to work
15. 当然	dāngrán	副	of course; surely
16. 聪明	cōngming	形	smart

走进中国：初级汉语口语　MEETING CHINA: Elementary Spoken Chinese

17. 机会	jīhuì	名	opportunity
18. 希望	xīwàng	动	to wish
19. 越来越	yuèláiyuè	副	all the more; even more
20. 将来	jiānglái	名	future
21. 干杯	gān bēi		cheers; toast; bottoms up
22. 祝	zhù	动	to wish
23. 旅途	lǚtú	名	trip; travel
24. 愉快	yúkuài	形	happy

练一练　VOCABULARY EXERCISES

1. 你在学校参加过什么活动吗？
   What activity did you participate in at your school?

2. 你在中国的生活怎么样？　How about your life in China?

3. 你喜欢什么工作？为什么？　What kind of job do you like? Why?

BASIC SENTENCES

1. 时间过得真快。
2. 一转眼就该回国了！
3. 你们觉得这儿的生活怎么样？
4. 为咱们的将来干杯！
5. 祝你们旅途愉快！

第十二课 这么快就要告别了！
Dì shí'èr kè Zhème kuài jiùyào gàobié le!

课文

TEXT

情节：明子、马克和大朋在告别宴会上。

1. 明子觉得中国的生活怎么样？
（开心　认识　聊天　吃饭　逛街）

2. 马克觉得中国的生活怎么样？
（玩儿　不一样　特点　小吃）

3. 马克和明子为什么感谢大朋？
（进步　帮助）

明子：时间过得真快。好像昨天刚参加了欢迎会，今天就要告别了。

马克：一转眼就该回国了！

大朋：是啊，太快了！你们觉得这儿的生活怎么样？

明子：我认识了很多中国朋友。我们一起聊天啦、吃饭啦、逛街啦，太开心了！

马克：我们去玩儿了很多地方。每个地方都不一样，各有各的特点，小吃也不一样。

明子：我们的汉语进步很大。这要感谢你啊，大朋，谢谢你对我们的帮助。

走进中国：初级汉语口语　　MEETING CHINA: Elementary Spoken Chinese

大朋：哪里，哪里。
马克：我很想<u>毕业</u>以后来中国<u>工作</u>。那时候，咱们还能见面。
大朋：没问题。你们以后再回中国工作吧！
明子：<u>当然</u>啦！我回去以后一定好好儿学习汉语，毕业以后也来中国工作。
大朋：好啊！你很<u>聪明</u>，一定会有机会来中国工作的。
马克：有机会的话，你去美国玩儿吧，给我打电话、发 E-mail 都行。
明子：也欢迎你去日本！
大朋：好啊！（举杯）<u>希望</u>你们的汉语<u>越来越</u>好。来，为咱们的<u>将来</u><u>干杯</u>！祝你们<u>旅途愉快</u>！
明子和马克：干杯！

4. 马克和明子会回中国吗？为什么？
（毕业　工作　留恋）

(Qíngjié：Míngzǐ、Mǎkè hé Dàpéng zài gàobié yànhuì shang.)

Míngzǐ：Shíjiān guò de zhēn kuài. Hǎoxiàng zuótiān gāng cānjiāle huānyínghuì, jīntiān jiùyào gàobié le.

Mǎkè：Yì zhuǎnyǎn jiù gāi huí guó le!

Dàpéng：Shì a, tài kuài le! Nǐmen juéde zhèr de shēnghuó zěnmeyàng?

Míngzǐ：Wǒ rènshile hěn duō Zhōngguó péngyou. Wǒmen yìqǐ liáo tiān la、chī fàn la、guàng jiē la, tài kāixīn le!

Mǎkè：Wǒmen qù wánrle hěn duō dìfang. Měi ge dìfang dōu bù yíyàng, gè yǒu gè de tèdiǎn, xiǎochī yě bù yíyàng.

Míngzǐ：Wǒmen de Hànyǔ jìnbù hěn dà. Zhè yào gǎnxiè nǐ a,

第十二课 这么快就要告别了!
Dì shí'èr kè Zhème kuài jiùyào gàobié le!

Dàpéng, xièxie nǐ duì wǒmen de bāngzhù.

Dàpéng: Nǎli, nǎli.

Mǎkè: Wǒ hěn xiǎng bì yè yǐhòu lái Zhōngguó gōngzuò. Nà shíhou, zánmen hái néng jiàn miàn.

Dàpéng: Méi wèntí. Nǐmen yǐhòu zài huí Zhōngguó gōngzuò ba!

Míngzǐ: Dāngrán la! Wǒ huíqu yǐhòu yídìng hǎohāor xuéxí Hànyǔ, bì yè yǐhòu yě lái Zhōngguó gōngzuò.

Dàpéng: Hǎo a! Nǐ hěn cōngming, yídìng huì yǒu jīhuì lái Zhōngguó gōngzuò de.

Mǎkè: Yǒu jīhuì dehuà, nǐ qù Měiguó wánr ba, gěi wǒ dǎ diànhuà、fā E-mail dōu xíng.

Míngzǐ: Yě huānyíng nǐ qù Rìběn!

Dàpéng: Hǎo a! (Jǔ bēi) Xīwàng nǐmen de Hànyǔ yuèláiyuè hǎo. Lái, wèi zánmen de jiānglái gān bēi! Zhù nǐmen lǚtú yúkuài!

Míngzǐ hé Mǎkè: Gān bēi!

SENTENCE PATTERNS

1. 一转眼就该回国了!

■ "一转眼"表示时间很短、很快。比如:
"一转眼" expresses how quickly time passes by. For instance:

(1) 一个月一转眼就过去了。

(2) 一转眼暑假就到了。

练一练 PATTERN EXERCISES

完成句子　Complete the following sentences

（1）一转眼十瓶啤酒＿＿＿＿＿＿＿＿＿＿＿＿＿＿＿＿＿＿。
（2）一转眼我们就＿＿＿＿＿＿＿＿＿＿＿＿＿＿＿＿＿＿＿。
（3）一转眼他们＿＿＿＿＿＿＿＿＿＿＿＿＿＿＿＿＿＿＿＿。
（4）一转眼＿＿＿＿＿＿＿＿＿＿＿＿＿＿＿＿＿＿＿＿＿＿。

2. 希望你们的汉语越来越好。

■ "越来越"表示程度随着时间的发展而加深。如：
"越来越" expresses that a level follows a development and increases over time. For instance:

（1）天气越来越热了。
（2）学习汉语越来越有意思了。

练一练 PATTERN EXERCISES

读短语，然后用它们各说一句话
Read the phrases and then use each of them in a sentence

（1）越来越疼＿＿＿＿＿＿＿＿＿＿＿＿＿＿＿＿＿＿＿＿。
（2）越来越难过＿＿＿＿＿＿＿＿＿＿＿＿＿＿＿＿＿＿。
（3）越来越好听＿＿＿＿＿＿＿＿＿＿＿＿＿＿＿＿＿＿。
（4）越来越便宜＿＿＿＿＿＿＿＿＿＿＿＿＿＿＿＿＿＿。

第十二课 这么快就要告别了！
Dì shí'èr kè Zhème kuài jiùyào gàobié le!

EXPRESSIVE EXERCISES

1. 仿照例句，用加点的词语造句
Read the following examples and make sentences with the dotted words

（1）希望
希望你们的汉语越来越好！
希望我们能在美国见面。
希望你的病（bìng，illness）早点儿好。

（2）为……干杯
为我们的友谊干杯！
为大家的身体健康（jiànkāng，health）干杯！
为我们的好成绩干杯！

（3）祝……
祝大家身体健康！
祝我们取得好成绩！
祝你生日快乐！

2. 仿照例句，分小组用加点的词语对话
Follow the examples and use the dotted words to make new dialogues in pairs

（1）A：你好像不太高兴。
    B：是的，我这次考试不太好。

（2）A：咱们马上就要告别了。
    B：是啊，明天就是告别宴会了。

（3）A：你们以后还会来中国吗？
    B：当然啦！我们会再来中国！

(4) A：我希望你的汉语越来越好！
B：谢谢。我也希望你的英语越来越好！

3. 情境会话　Situational dialogues
参考用语：Words for reference：

> 一转眼　好像　参加　告别　当然　毕业　希望　祝　越来越……
> 时间过得真快。　这么快就要告别了！　我很留恋这里的生活。
> 祝你们旅途愉快！

你和朋友在告别会上……

4. 成段表达　Express in paragraph
在告别会上说说自己的感想。
Talk about your feeling in the fare-well party.

词语总表
Vocabulary

A			
爱好	àihào	名/动	10
安排	ānpái	名	7
按	àn	动	3
熬夜	áo yè		10

B			
白酒	báijiǔ	名	6
办法	bànfǎ	名	10
帮助	bāngzhù	动/名	12
保密	bǎo mì		11
杯子	bēizi	名	6
背景	bèijǐng	名	3
本科生	běnkēshēng	名	1
笔记本电脑	bǐjìběn diànnǎo		8
毕业	bì yè		12
表情	biǎoqíng	名	8
表演	biǎoyǎn	动	11
饼干	bǐnggān	名	6
薄	báo	形	5
不见不散	bú jiàn bú sàn		7
不仅	bùjǐn	副	8
不一样	bù yíyàng		12

C			
菜单	càidān	名	4
参加	cānjiā	动	12
插	chā	动	8
差不多	chàbuduō	副	4
尝	cháng	动	4
唱歌	chàng gē		10
橙汁	chéngzhī	名	6
穿	chuān	动	5
吹牛	chuī niú		7
次	cì	量	1
聪明	cōngming	形	12
存	cún	动	8

D			
打	dǎ	动	11
打包	dǎ bāo		4
打折	dǎ zhé		5
打针	dǎ zhēn		9
大概	dàgài	副	2
当然	dāngrán	副	12
得奖	dé jiǎng		7
地方	dìfang	名	3
地铁	dìtiě	名	2

101

走进中国：初级汉语口语　MEETING CHINA: Elementary Spoken Chinese

电脑	diànnǎo	名	8	购物中心	gòuwù zhōngxīn		2
电影	diànyǐng	名	7	够	gòu	动	4
调头	diào tóu		2	光临	guānglín	动	4
定	dìng	动	7	逛	guàng	动	10
逗	dòu	形	8	**H**			
堵车	dǔ chē		2	喊	hǎn	动	3
短期班	duǎnqībān	名	1	好听	hǎotīng	形	11
E				好像	hǎoxiàng	副	6
饿	è	形	4	号	hào	名	2
F				红烧豆腐	hóngshāo dòufu		4
发烧	fā shāo		9	后面	hòumiàn	名	3
发炎	fāyán	动	9	壶	hú	名	4
方便	fāngbiàn	形	8	欢迎	huānyíng	动	5
分享	fēnxiǎng	动	6	换	huàn	动	5
分钟	fēnzhōng	名	2	荤	hūn	名	4
风格	fēnggé	名	11	活动	huódòng	名	10
风景	fēngjǐng	名	3	火车	huǒchē	名	2
复习	fùxí	动	10	**J**			
G				几乎	jīhū	副	6
该	gāi	动	6	机会	jīhuì	名	12
改天	gǎitiān	副	10	极	jí	副	6
干杯	gān bēi		12	急事	jíshì	名	2
感冒	gǎnmào	名	9	记住	jìzhù	动	11
感谢	gǎnxiè	动	12	家常菜	jiāchángcài	名	4
刚	gāng	副	1	见面	jiàn miàn		7
告别	gàobié	动	11	将来	jiānglái	名	12
歌词	gēcí	名	11	讲价	jiǎng jià		5
歌名	gēmíng	名	11	交费	jiāo fèi		9
歌手	gēshǒu	名	11	郊外	jiāowài	名	10
各	gè	副/代	12	街	jiē	名	10
工作	gōngzuò	动	12	节目	jiémù	名	11

结束	jiéshù	动	11
进步	jìnbù	形/名	12
劲儿	jìnr	名	9
京酱肉丝	jīngjiàng ròusī		4
经典	jīngdiǎn	形	11
精彩	jīngcǎi	形	7
久	jiǔ	形	1
菊花茶	júhuāchá	名	4

K

咖啡	kāfēi	名	6
开玩笑	kāi wánxiào		7
开心	kāixīn	形	12
看	kān	动	10
考试	kǎoshì	名	10
快	kuài	形	2
快门	kuàimén	名	3

L

辣	là	形	4
辣子鸡丁	làzi jīdīng		4
来得及	láidejí		7
懒	lǎn	形	10
老年人	lǎoniánrén	名	10
厉害	lìhai	形	9
凉	liáng	形	4
量	liáng	动	9
了解	liǎojiě	动	4
录像	lùxiàng	名	8
路口	lùkǒu	名	2
旅途	lǚtú	名	12
旅游	lǚyóu	动	10

M

麻烦	máfan	动	3
买单	mǎi dān		4
美女	měinǚ	名	1
门口	ménkǒu	名	7
迷	mí	名	7
棉	mián	名	5
面包	miànbāo	名	6
民歌	míngē	名	11
明星	míngxīng	名	8

N

拿	ná	动	9
内	nèi	名	5
年龄	niánlíng	名	6
扭秧歌	niǔ yāngge		10
努力	nǔlì	形	12

P

爬山	pá shān		10
排骨炖豆角	páigǔ dùn dòujiǎo		4
片儿	piànr	量	9
票	piào	名	2
凭	píng	介	5

Q

前天	qiántiān	名	1
浅	qiǎn	形	5
巧	qiǎo	形	7
巧克力	qiǎokèlì	名	6
茄子	qiézi	名	3
清	qīng	形	8
请假	qǐng jià		9
去年	qùnián	名	1

103

全身	quánshēn	名	9		特点	tèdiǎn	名	12
R					特色	tèsè	名	4
让	ràng	动	3		疼	téng	形	9
认识	rènshi	动	1		体温	tǐwēn	名	9
S					甜	tián	形	4
嗓子	sǎngzi	名	9		停	tíng	动	2
扇子	shànzi	名	10		桶	tǒng	名/量	6
上网	shàng wǎng		8		头	tóu	名	9
稍	shāo	副	4		推荐	tuījiàn	动	4
身体	shēntǐ	名	6		退	tuì	动	5
生	shēng	形	6		**U**			
生活	shēnghuó	名/动	12		U盘	U pán	名	8
师傅	shīfu	名	2		**W**			
食堂	shítáng	名	7		网球	wǎngqiú	名	1
试	shì	动	5		网线	wǎngxiàn	名	8
收款台	shōukuǎntái	名	5		忘	wàng	动	7
熟	shóu	形	6		味道	wèidào	名	4
受不了	shòubuliǎo		6		温柔	wēnróu	形	11
瘦	shòu	形	5		无线上网	wúxiàn shàng wǎng		8
舒服	shūfu	形	5		五颜六色	wǔ yán liù sè		8
暑假	shǔjià	名	1		**X**			
帅哥	shuàigē	名	1		西兰花	xīlánhuā	名	4
说唱	shuōchàng		11		希望	xīwàng	动	12
说法	shuōfǎ	名	3		习惯	xíguàn	动	6
送	sòng	动	6		先睹为快	xiān dǔ wéi kuài		8
素	sù	名	4		咸	xián	形	6
宿舍	sùshè	名	7		线	xiàn	名	2
随便	suíbiàn	形	5		相	xiàng	名	3
T					香肠	xiāngcháng	名	6
T恤	Txù	名	5		小吃	xiǎochī	名	12
太极拳	tàijíquán	名	10		效果	xiàoguǒ	名	8

休息	xiūxi	动	9
续费	xù fèi		8
选	xuǎn	动	11

Y

研究生	yánjiūshēng	名	1
颜色	yánsè	名	5
演	yǎn	动	7
演出	yǎnchū	名/动	7
宴会	yànhuì	名	11
药	yào	名	9
医院	yīyuàn	名	9
硬盘	yìngpán	名	8
游泳	yóu yǒng		10
有名	yǒumíng	形	11
有意思	yǒu yìsi		3
愉快	yúkuài	形	12
瑜珈	yújiā	名	10
羽毛球	yǔmáoqiú	名	10
语伴	yǔbàn	名	1
约	yuē	动	7
约会	yuēhuì	名	7
越来越	yuèláiyuè	副	12

云	yún	名	8

Z

站	zhàn	名	2
张	zhāng	量	2
张开	zhāngkāi	动	9
照	zhào	动	3
照相机	zhàoxiàngjī	名	3
直接	zhíjiē	副	6
质量	zhìliàng	名	5
中号	zhōnghào	名	5
周末	zhōumò	名	10
主意	zhúyi	名	11
主食	zhǔshí	名	4
主要	zhǔyào	形	12
祝	zhù	动	12
转	zhuǎn	动	2
准备	zhǔnbèi	动	3
姿势	zīshì	名	8
总是	zǒngshì	副	6
最近	zuìjìn	名	1
昨天	zuótiān	名	1

专有名词 Proper nouns

D

大同	Dàtóng	名	10

R

日本	Rìběn	1

X

西直门	Xīzhímén	2